ATITUDES OU DEZ PASSOS PARA SE TORNAR RICO

ATITUDES OU DEZ PASSOS PARA SE TORNAR RICO

Por ROBERTO INUNAKI

Copyright © 2019 de Roberto Inunaki

Todos os direitos reservados. Este livro e qualquer parte dele não podem ser reproduzidos ou usados de qualquer forma que seja sem autorização expressa, por escrito, do autor ou editor, exceto no caso de breves citações incluídas em revisões críticas e alguns outros usos não-comerciais permitidos pela lei de direitos autorais.

Primeira edição, 2019

ISBN: 9781793001672

Embora o autor e editor tenha feito todos os esforços para garantir que as informações contidas neste livro estivessem corretas na época da publicação, o autor e editor não assume e se isenta de quaisquer responsabilidades perante qualquer parte por eventuais perdas, danos ou inconvenientes causados pelo uso imperito, inadequado, equivocado, e situações assemelhadas, das informações aqui contidas.

Contato: ebook.inunaki@outlook.com

PREFÁCIO

Este livro reúne dez das inúmeras características que podem levar alguém ao sucesso – aqui, sucesso é tratado como sinônimo de ter dinheiro, muito dinheiro de preferência. Nas próximas páginas você terá contato com algumas atitudes mentais identificadas em pessoas bem-sucedidas que ganharam, e ganham, milhões ou bilhões. Essas atitudes não tornaram esses homens e mulheres muito ricos tão diferentes assim dos demais indivíduos que compõem a sociedade, mas apenas ajudaram eles a serem capazes de identificar, aproveitar e maximizar as melhores oportunidades que a vida pôs no caminho delas. Na verdade, a maioria dessas pessoas extremamente bem-sucedidas percorreu o mesmo caminho da vida que seus semelhantes: viveram ou vivem nas mesmas cidades, não tinham muitos recursos, passaram pelo mesmo sistema educacional, provavelmente tiveram os mesmos empregos medíocres no início de suas carreiras... mas depois construíram impérios que pareciam inalcançáveis. Será que você também não é capaz de mudar de vida assim? Ao final deste livro saiba a resposta.

Sumário

PREFÁCIO 5

TRATE O DINHEIRO DA FORMA CORRETA .. 9

SEJA EMPRENDEDOR 13

1º - ACREDITE, TENHA FÉ, TENHA PENSAMENTOS POSITIVOS 17

Dezessete Fracassos e Nervos em Frangalhos 23

2º - O PASSADO COMO A BASE DE SEU FUTURO 27

Muito Mais do Que Apenas Um Drogado 29

3º - SONHAR GRANDE, NÃO TER MEDO DO FRACASSO 33

Dois Fracassos Ressonantes e Uma Vitória Incontestável 35

4º - PARA FICAR RICO, SACRIFÍCIOS SÃO NECESSÁRIOS 39

Um Sacrifício de 15 Mil, Uma Recompensa de 5 Bilhões 43

5º - PENSAR DE MODO NÃO ORTODOXO ... 47

Supermercado Saudável 55

6º - COMECE A AGIR: MEXA ESSE TRASEIRO GORDO 61

O Ambiente Certo 65

Nunca é Tarde Para Mudar de Vida 67

7º - APRENDA RÁPIDO (NÃO É FÁCIL), E MUDE MAIS RÁPIDO AINDA 71

De Motorista A Passageiro 75

8º - TENHA OBJETIVOS CLAROS, MESMO QUE APARENTEMENTE IMPLAUSÍVEIS 87

Um Império Doce 91

9º - NÃO SEJA LIMITADO 97

Cabelo e Tequila 101

10º - APENAS TRABALHO DURO, É ESTUPIDEZ 113

A Escolha da Melhor Atividade Para Você 115

Trabalho Duro e Inteligente 125

SOBRE O AUTOR 135

TRATE O DINHEIRO DA FORMA CORRETA

Antes de falar acerca das dez atitudes que podem mudar sua vida, quero que tome conhecimento de três mandamentos para quem deseja fazer o dinheiro trabalhar para si e não contrário, ou seja, trabalhar por dinheiro. Esses preceitos formam a base que ajudou muita gente rica, milionários e bilionários, a atingir as grandes alturas da pirâmide social onde estão agora.

Os fatores que mais impedem a maioria das pessoas de se destacar na vida são seus pensamentos e filosofias sobre como o dinheiro funciona e como deve ser utilizado. Assim, as concepções equivocadas que as pessoas em geral têm sobre dinheiro são:

1ª Falha - Não ter foco em ganhar dinheiro, mas em preservá-lo.

Todas as pessoas concentram suas atenções em descobrir maneiras de como guardar, fazer render e proteger seu dinheiro. Com os ricos isso não é tão diferente, pois eles sabem que devem economizar. Mas o que os destaca da maioria das pessoas é que sabem que GANHAR MAIS dinheiro é que fará a diferença no patrimônio deles. Pense no seguinte: a maioria das pessoas têm ganhos modestos, logo, se agir de modo ortodoxo, suas economias e investimentos serão humildes também. Não há milagre: pouco dinheiro renderá pouco dinheiro se for gerenciado apenas com foco na preservação. As pessoas que se tornaram ricas rejeitaram, e rejeitam, o pensamento da economia do "centavo por centavo" das massas e concentram suas energias naquilo que realmente interessa - ou seja, ganhar muito mais dinheiro. Para isso, as pessoas ricas estão sempre buscando novas oportunidades de negócios. Nesse ponto, você diz: "Mas elas são ricas, assim fica fácil ganhar mais dinheiro". E eu replico: Você está profundamente enganado nesse seu raciocínio, pois muitas pessoas que hoje são donas de imensas fortunas começaram do zero, quase sem dinheiro algum.... Dinheiro pouco não impede ninguém de ganhar muito dinheiro, só torna o processo mais complexo.

2ª Falha – Ignorar o poder dos contatos certos.

Para os milionários, fazer os contatos certos é fundamental. As pessoas ricas concentram estrategicamente suas energias nas áreas mais lucrativas de seus negócios e, simultaneamente, aproveitam para influenciar seus contatos, a partir do poder da credibilidade e recursos que possuem, a fim de maximizar suas chances de obterem os melhores resultados e oportunidades possíveis – não esqueça que o contato certo não é qualquer contato, mas apenas aqueles que detém o poder de influenciar outras pessoas e instituições de alguma forma, mas tudo dentro da lei e da ordem social.

As classes menos favorecidas acreditam que o trabalho duro é um distintivo de honra. Quem tem o poder de não se preocupar mais com dinheiro, sabe que o sucesso é a honra que importa. Desse modo, esqueça o que ensinaram a você acerca do trabalho duro. Se você não está exatamente ganhando dinheiro, comece a pensar em como usar o poder dos contatos certos para se tornar alguém bem-sucedido na vida.

3ª Falha – Pensar em ganhar dinheiro de maneira linear.

A maioria esmagadora das pessoas troca tempo por dinheiro. Desse modo, ficam condicionadas a acreditar que ganhar dinheiro é um processo linear. Ou seja, as pessoas acreditam que a única maneira de ganhar mais dinheiro é trabalhando mais horas. Quem já se tornou milionário sabe muito bem que isso é uma falácia. Ganhar dinheiro, muito dinheiro, requer processos distópicos, onde você nunca verá uma estrada em linha reta ou um horizonte totalmente plano e previsível. Pessoas bem-sucedidas são mestres em gerar dinheiro através de ideias que resolvem problemas – muitas vezes problemas que não existem, como acontece muito no ramo da tecnologia, onde empresas criam produtos que os consumidores nem sabiam que precisavam, mas logo se tornam itens de desejo das massas. Os milionários, há muito tempo que perceberam que não há limite para ideias. Logo, não há limite para quanto dinheiro podem ganhar. Fortunas podem ser criadas da noite para o dia se você estiver com a ideia certa e no momento certo, mas apenas se entender que ganhar muito dinheiro é um fenômeno que ocorre de forma não linear.

SEJA EMPRENDEDOR

Para se tornar rico, é praticamente indispensável ter um negócio próprio. Isso é uma premissa. Claro que esse axioma não obrigatoriamente foi provado de modo científico, ou demonstrado de forma incontestável, mas, empiricamente, é um consenso que empreendedores têm maiores chances de se tornarem pessoas ricas. Sei que há outros caminhos para a fortuna: você pode se tornar um alto executivo de alguma grande empresa (essa rota talvez exija que você seja empregado em algum momento...) e acumular fortuna, ou se tornar um profissional liberal bem-sucedido - advogados, por exemplo, alguns se tornam milionários por serem profissionais excepcionais ou de muita "sorte"... mas acredito que ser empreendedor é a maneira mais fácil, ou menos difícil, para qualquer pessoa enriquecer. Ser empreendedor independe de seu nível educacional, independe até mesmo da quantidade de dinheiro que você possui agora - há pessoas que começaram um império econômico com apenas alguns trocados no bolso (vamos tratar de casos assim mais adiante, calma). Claro que assalariados podem acumular fortunas, isso acontece também, e, contrariando o axioma acima, eu diria que não é tão incomum como eventualmente costumamos pensar, mas, por outro lado, nos focando apenas na dicotomia empreendedor x empregado, é patente que o número de pessoas que recebem salários toda uma vida e não obtêm qualquer ascensão social-econômico-financeira durante suas trajetórias como empregados é muito superior ao número de donos de negócios que acumulam muito dinheiro, inclusive em pouco tempo de atividade. Por exemplo, nos Estados Unidos, a maior economia do mundo, apenas 5% da população ganha mais de US$ 20 mil (cerca de R$ 40 mil) por mês, ou US$ 250.000,00 (cerca R$ 930.000,00) por ano. Esse percentual é formado quase exclusivamente por altos executivos (que não podemos considerar como sendo empregados, pois muitas vezes não recebem salários, mas participações nos resultados das empresas), profissionais liberais (médicos, corretores, advogados, etc.), donos de empresas e pessoas que vivem de renda de aluguéis, investimentos e outras formas de geração de receitas autônomas. Empregados, no sentido pleno da palavra, remunerados nesse nível são poucos, muito poucos.

Mas o que é efetivamente necessário para ficarmos ricos? Os caminhos são variados. Dentre milhares de opções, selecionei os dez passos abaixo para você se tornar um milionário – eles não estão obrigatoriamente em uma ordem de prioridades e, como disse acima, não são os únicos caminhos, não são uma "receita de bolo", que você segue e já consegue os resultados de imediato e, na verdade, não são "passos", mas atitudes identificadas na maioria dos indivíduos de sucesso, que, se adotadas por você, poderão facilitar sua trajetória para a fortuna.

1º - ACREDITE, TENHA FÉ, TENHA PENSAMENTOS POSITIVOS

Acredite em si mesmo, acredite em sua capacidade, acredite em suas ideias, tenha fé que você pode mudar sua vida: se outras pessoas conseguiram mudar as vidas delas para melhor, ficaram ricas, conquistaram suas metas, venceram dificuldades, você também pode. Ninguém é melhor que você. Isso não é um papo religioso. A realidade é que se você mesmo não enxergar sua própria capacidade de vencer as batalhas que a vida impõe, ninguém mais poderá vê-la e muito menos dizer a você como canalizar sua energia para realizar seus desejos.

Pense o seguinte: se não houvesse barreiras, você seria capaz de atingir suas metas? Se você respondeu a essa questão com um poderoso e convicto "SIM", então você sabe que é capaz de conseguir qualquer coisa que queira, pois é assim que você deve avaliar seu caminho na vida: não há barreiras, ignore pensamentos negativos e não se apegue a opiniões externas que tentam desanimar você.

Depois de enxergar claramente sua capacidade, você precisa começar a acreditar nela sem ressalvas. Mas somente ter certeza de que você tem o poder de mudar sua história não é suficiente, pois a inércia, obviamente, levará você a lugar nenhum. Os resultados positivos somente virão se você agir, se você tiver coragem de ousar, de fazer algo fenomenal – nesse ponto você me pergunta: "Mas que algo fenomenal é esse? Não tenho ideia do que quero fazer da vida...." Aí eu digo a você o seguinte: a ideia de milhões de dólares, que vai fazer você ficar rico, que vai mudar sua vida, não virá se você não agir. Essa ação é você estudar as possíveis oportunidades que você poderia aproveitar, pesquisar as necessidades do mercado, copiar algo que está dando certo para outras pessoas e fazer melhor, perceber os desejos das pessoas que ainda não foram atendidos, descobrir seus talentos etc.

Podemos dizer que "acreditar" exige um certo grau de ignorância. Ignorância? Exato. Mas não me refiro à ignorância referente à falta de cultura. Não é isso. O que quero dizer é que "acreditar" exige que você esqueça qualquer senso de lógica. "Acreditar" exige que você seja um pouco irracional e até mesmo esqueça o bom senso na hora de tomar as decisões que mudarão sua vida – mas isso não significa que você deve assumir riscos desnecessários. Você deve analisar todos os riscos. Não faça nada que não tenha uma relação custo-benefício minimamente favorável a você. Por exemplo, em 2014, Mark Zuckerberg, um dos fundadores do Facebook, e dono de uma fortuna avaliada em 79 bilhões de dólares (algo como 292 bilhões de reais) investiu 2 bilhões de dólares (algo em torno de 7,4 bilhões de reais) na plataforma de realidade virtual Oculus. O dono do Facebook esperava obter um retorno de investimento igual ao obtido com o Instagram e o Whatsapp, que são produtos extremamente populares. Porém, o investimento em realidade virtual não deu certo, o produto não vendeu, e Zuckerberg perdeu o dinheiro aplicado na empresa criadora da marca Oculus. Mas o risco que ele correu foi calculado, pois o produto tinha potencial, e também teve um custo-benefício muito bom, dado que pouco afetou sua fortuna. Mas voltando ao ato de "acreditar", ele exige que você seja irracional e insensato porque você estará usando de crença, de fé, para ver uma versão futura de si mesmo, onde terá alcançado algo significativo para você e para aqueles que são inspirados em seu exemplo.

Wallace D. Wattles, autor do famoso livro A Ciência Para Ficar Rico (The Science of Getting Rich), que inspirou a criação do livro e do filme O Segredo (The Secret), onde é ensinado os princípios de utilização da Lei da Atração para se obter sucesso e prosperidade em todos os setores de nossas vidas, recomendava que todas as pessoas deveriam acreditar que o Universo é sensível ao pensamento, ou seja, quanto mais positivas suas ideias, mais amigável ao progresso sua vida se tornará. Falando mais claramente, você tem o poder de influenciar, com seus pensamentos, a trajetória de sua vida. Quanto mais otimista você for, mais o Universo vai colaborar para que você tenha uma vida bem-sucedida. Se isso parece um disparate, há estudos e pesquisas, como A Felicidade Promove o Sucesso da Carreira (Does Happiness Promote Career Success), de autoria da Universidade da Califórnia, em Riverside, nos Estados Unidos, que indicam claramente que a positividade leva as pessoas a terem um desempenho melhor em suas tarefas cotidianas e obtêm mais apoio em seus trabalhos. Além disso, os indivíduos mais otimistas estão menos sujeitos a permanecerem desempregados e normalmente são fisicamente mais saudáveis e têm uma expectativa de vida maior que a média das demais pessoas. Esses fatos tornam os otimistas mais engajados e resilientes, aumentando a probabilidade deles de terem acesso às melhores oportunidades que a vida pode oferecer. Outrossim, as pessoas que se cercam de positividade, se tornam mais dispostas a assumir riscos, aceitam desafios mais difíceis e são mais produtivas, posturas que se encaixam perfeitamente no perfil de empreendedores de sucesso.

Dezessete Fracassos e Nervos em Frangalhos

James Altucher, nascido na cidade Nova Iorque, nos Estados Unidos, descreve a si mesmo como um gestor de fundos de investimento, empresário, escritor, capitalista de risco (que são aqueles investidores que apoiam empresas novatas ao comprar parte de suas ações, se envolvendo nos negócios da companhia com o objetivo de fazê-la crescer e verem suas ações se valorizando com o tempo), e podcaster (que é alguém que produz conteúdos em áudio, disponibilizados através de um arquivo, ou por streaming, via internet). James diz que fundou ou co-fundou mais de 20 empresas, incluindo a Reset Inc., que era uma empresa voltada para web design, e a StockPickr, que era uma rede social online para compartilhar análises financeiras, pesquisas, notícias e comentários, e falhou em 17 delas.

James ganhou muitos milhões de dólares com tecnologia da informação e internet nos anos de 1990. Uma de suas empresas, a Reset Inc., tinha como clientes a Sony e a Miramax. Ele e sua esposa viviam em um belo apartamento de 1.500 metros quadrados no badalado bairro de TriBeCa, em Nova Iorque, que custou US$ 2,800.000.00

(cerca de R$ 10.300.000,00), entre o preço de compra e reformas. Além dessa moradia luxuosa, ele despendia "rios de dinheiro" em viagens de helicóptero entre Nova Iorque e Atlantic City para jogar poker nos cassinos dessa cidade nos finais de semana.

Apesar do alto padrão de vida e da carteira recheada de dinheiro, James declara:

"Eu era muito idiota. Achava que ainda era muito pobre. Sentia que precisava de US$ 100 milhões (algo como R$ 370 milhões) para ser feliz. Então, comecei a investir meu dinheiro em várias empresas, e elas eram apenas ideias estúpidas. Zero por cento delas deram certo."

Em 2017, James revelou o seguinte:

"Houve períodos que eu provavelmente estava perdendo cerca de um milhão de dólares (cerca de três milhões e setecentos mil reais) por semana."

Praticamente sem dinheiro, pois sua conta corrente em algum momento tinha apenas US$ 43,00 (aproximadamente R$ 160,00) disponíveis, tendo desperdiçado sua fortuna em investimentos que não deram qualquer resultado, James Altucher pensou em suicídio – ele aventou a possibilidade de se matar para que suas filhas recebessem o valor de sua apólice de seguro de vida, pois talvez isso fosse uma opção melhor do que estar vivo e falido.

"Minha autoestima se baseava em meu patrimônio líquido. Pensei que não tinha como escapar do buraco em que havia entrado", esclarece James.

Após avaliar sua situação, decidido a recuperar sua fortuna, James pôs à venda seu belo apartamento por meros US$ 1.800.000,00 (cerca de R$ 6.600.000,00), ou seja, teve uma perda de mais de 1 milhão de dólares (aproximadamente R$ 3.700.000,00) em relação ao valor investido nele, e voltou sua atenção para o mercado de ações. Na bolsa de valores e no mercado financeiro, ele teve bons ganhos como gerente de fundos de investimentos, contudo, a crise financeira que atingiu a economia dos Estados Unidos, e do mundo, em 2008, limpou seus bolsos novamente, pois a onda de falências nesse ano fez a bolsa de valores afundar e afugentou os poucos investidores que ainda tinham dinheiro disponível no mercado.

Pela segunda vez no fundo do poço, Altucher começou a escrever um blog sobre sua história de sucessos e fracassos, altos e baixos, atraindo uma legião de fãs. Além disso, ele percebeu que precisava do apoio de um terapeuta para compreender melhor os desafios que tinha pela frente e quais medidas deveria tomar para mudar sua vida de novo. Com a ajuda do terapeuta, James foi capaz de fazer as coisas de maneira muito diferente, como se esforçar para ser a cada dia uma pessoa melhor que antes e sempre praticar a gratidão.

A partir de 2012, com a economia dos Estados Unidos saindo da crise, James reconquistou os clientes que havia perdido em 2008, e recuperou sua fortuna como administrador de fundos de investimento, além disso, seu blog faturou mais de US$ 10 milhões (cerca de R$ 37.000.000,00) desde 2016, com receitas de propagandas e outras fontes.

2º - O PASSADO COMO A BASE DE SEU FUTURO

Nossa mente sempre nos força a buscar exemplos naquilo que fizemos como modelo do que podemos realizar no futuro. Mas isso é estúpido, pois resultados passados não garantem os mesmos resultados no futuro. Se isso não fosse uma verdade, ninguém perderia dinheiro no mercado de ações, posto que bastaria agir sempre do mesmo modo, comprar sempre os mesmos papéis e títulos que tiveram rendimentos interessantes e seríamos milionários em pouquíssimo tempo. Mas sabemos que não funciona dessa forma. As ações que estavam valorizadas há um ano, podem não valer nada hoje ou amanhã, ou o contrário. Mas como prever os fatos que afetarão o mercado? Muito difícil, para não dizer impossível. Por outro lado, o futuro é construído a partir do que você fizer hoje e fez no passado. Se você faz, ou fez, coisas positivas e trabalhou ou trabalha duro, mas de forma sensata, para alcançar seus objetivos, as chances de sucesso são muito maiores do que se você estivesse perdendo seu tempo enchendo a cara de bebidas ou drogas. Mas ressalto que mesmo que você tenha feito o melhor, e ainda se esforce no máximo de suas forças para atingir seus alvos na vida, não existe qualquer garantia de que seu futuro será 100% do jeito que sonha, e nem que será somente feito de coisas positivas e sem problemas. As coisas vão acontecendo, o tempo e a vida são inexoráveis e vão passando por cima de tudo e de todos. As pessoas perdem seus empregos, se machucam, adoecem, morrem... os diversos fatores da vida que têm potencial para afetar sua existência, e sobre os quais você não tem qualquer controle, podem fazer com que coisas difíceis e ruins aconteçam com você e atrapalhem seus planos. Mas isso não implica desistir de tudo e ficar esperando o fim chegar: a vida é feita de batalhas e cabe a você vencer elas. Desistir é para os covardes.

Muito Mais do Que Apenas Um Drogado

Khalil Rafati, nascido no estado de Ohio, nos Estados Unidos, era viciado em heroína e crack, até que teve sua nona overdose e decidiu que deveria mudar sua vida. Em 1993, ele se mudou para Los Angeles a fim de ser tornar uma estrela de Hollywood - mas as coisas não ocorreram como esperava e sua carreira de ator não decolou. Enquanto tentava sobreviver fazendo trabalhos como lavador de carros de gente famosa, Khalil começou a experimentar drogas e afundou nesse mundo com força, tornando-se um viciado, morador das ruas da cidade, sujo, com fome e magro como um zumbi. Ele foi preso inúmeras vezes por furtos e roubos cujos resultados ajudavam a bancar o vício. Rafati também tentou diversas vezes a reabilitação, mas sem sucesso. A decadência dele atingiu o ápice quando foi parar no pronto-socorro pela nona vez por overdose de cocaína e quase não sair vivo do local. Após essa experiência, Khalil Rafati decidiu passar quatro meses em um centro de reabilitação. Dessa vez ele conseguiu ficar limpo e se mantém assim até os dias atuais. Mas sua mudança de vida não ficou apenas nisso. Durante o período de recuperação,

Rafati aprendeu muito sobre vida saudável e decidiu utilizar esse conhecimento para ajudar outras pessoas atormentadas pelo vício em drogas. Desse modo, em 2007, em sociedade com o empresário e amigo Hayley Gorcey, ele abriu seu próprio centro de reabilitação na Califórnia - o Riviera Recovery, na região de Malibu. Com o Riviera, Khalil ficou famoso pela exótica mistura de sucos e smoothies (que é uma bebida espessa, cremosa e fria, feita de frutas cruas, produtos lácteos e, às vezes, legumes, batidos em um liquidificador) para seus clientes, cujos ingredientes envolviam pólen, pó de maçã desidratada e outros itens pouco usuais. O centro de reabilitação de Khalil Rafati ficou tão célebre, que o custo para se tratar no local atingiu o valor de até US$ 10,000.00 (cerca de R$ 37.000,00) por período de internação. Com a experiência no Riviera, Rafati percebeu que estava diante de um negócio com grande potencial de crescimento. Assim, em 2011, ele criou a empresa Sunlife Organics, especializada em sucos naturais, mas que ainda teria em sua cesta de produtos uma linha de roupas populares e alimentos orgânicos. Ainda em 2011, Rafati abriu uma loja em Malibu, na Califórnia. Atualmente, ele tem seis lojas, mais de 200 funcionários e fatura US$ 6 milhões (cerca de R$ 22 milhões) por ano.

"No começo, se você tem vício em algo, levará meses para aliviar o incômodo da abstinência e começar a se libertar do vício. Mas se alguém está disposto a realmente mudar, se realmente quer mudar, não é tão difícil assim. Nós adoramos complicar as coisas, especialmente quando somos viciados em drogas e alcoólatras. Somos tão sensíveis e achamos que somos tão inteligentes e complexos. Não me considero superinteligente, mas tenho fome de viver, e coloco todas as minhas forças naquilo que decido fazer", declara Khalil Rafati.

E continua Rafati:

"Eu não completei o ensino médio. Era um criminoso condenado. Não tinha um lar. Além disso, injetei drogas em minhas veias. Mas não tenho vergonha de nada disso, porque foi assim que eu tive que fazer para sobreviver.... O que quer que seja que você esteja sofrendo agora, você pode mudar. E você pode mudar de uma maneira tão profunda que, em um curto período de tempo, você nem se reconhecerá. E digo mais: não tenho nenhuma habilidade especial e não sou realmente inteligente. Todas as vezes que digo isso, a reação é sempre a mesma: 'Oh! Vamos, dê a si mesmo algum crédito'. Mas não é nenhuma humildade fingida de minha parte. As pessoas não aceitam que alguém que não é inteligente possa ter sucesso. Mas digo que é possível, sim. Veja que não sei digitar ou soletrar, também tenho dislexia leve e TDAH (Transtorno do Déficit de Atenção com Hiperatividade, um tipo de transtorno neurológico, que surge na infância, geralmente como fator genético, e em muitos casos, acompanhando o indivíduo em sua vida adulta), no entanto, sou um dos donos e diretor geral de uma empresa de sucesso."

Por fim, Kalil Rafati oferece uma lição a empreendedores iniciantes:

"Quando decidi montar um negócio, eu não sabia como fazer para viabilizar minha empresa. Na verdade, tive muitas ideias, mas não conseguia dar prosseguimento a elas. Então eu conheci o Hayley Gorcey, que se tornou meu sócio nos negócios. Ele me ajudou a iniciar o centro de reabilitação Riviera Recovery e me ensinou como gerenciá-lo com sucesso. Depois, criamos a SunLife Organics, que de apenas uma pequena loja de sucos, virou uma rede de sucesso. Hayley também me ajudou a escrever meu livro. Qual a lição aprendida disso? Descubra suas fraquezas e alinhe-se com alguém que possui as características que faltam a você. É importante conhecer seus pontos fortes, mas é crucial conhecer suas fraquezas e encontrar alguém que possa ajudá-lo a superar elas".

3º - SONHAR GRANDE, NÃO TER MEDO DO FRACASSO

Sonhar grande após certa idade é realmente uma arte, pois nossa imaginação vai sendo reprimida desde a infância até a idade adulta, quando nossa criatividade sucumbe à pressão da sociedade para que tenhamos uma postura "séria" e pouco sonhadora. Quem não sonha, não tem o incentivo necessário para superar os obstáculos que o separa de realizar suas metas de vida – quem não sonha, teme ainda mais o fracasso. Você precisa reacender o "fogo" do elemento sonhador de sua mente. E isso somente vai ocorrer se você começar a pensar grande, e depois agir no sentido de concretizar esses pensamentos da maneira mais fenomenal possível, sem medo de errar, sem receios da opinião alheia, sem pensar muito nas consequências, sem medo de fracassar.

Por exemplo, você tem como sonho de vida se tornar um grande palestrante, porém, jamais falou para uma multidão. Repentinamente, aparece um convite para fazer um discurso em um evento para vinte mil pessoas, mas ao chegar lá, você percebe que está nervoso e não consegue conduzir a plateia do jeito que gostaria... você fracassou?

Obviamente que não. Você teve coragem de sair do conforto e da segurança de sua casa para enfrentar uma situação nova. Você teve sua primeira chance de se tornar um mestre da oratória. No jogo da vida, "dar uma chance" é a metade do caminho para o sucesso. Não se dar uma chance é um fracasso muito maior do que tentar alguma coisa e não ter o resultado esperado. Não se arriscar, não arriscar tudo para se tornar a pessoa que você sempre quis ser é algo que você vai se arrepender pelo resto da vida.

Outro fator preponderante para se ter uma vida bem-sucedida: não focar no resultado. Ou melhor, evite pensar fixamente no resultado, pois isso pode impedir que você dê o primeiro passo para chegar até ele. Por que isso? Quando você foca apenas no resultado, você começa a questionar sua capacidade de obter ele, pois, em geral, o resultado de um grande desafio parece ser impossível ou extremamente difícil de ser conquistado. Talvez você seja tomado pelo medo de fracassar. O medo tem um imenso potencial para arruinar a vida de qualquer pessoa. Não perca o resultado de vista, mas não pense nele a ponto de ter medo de seguir o caminho que mudará sua vida.

Dois Fracassos Ressonantes e Uma Vitória Incontestável

Nicholas Woodman, fanático por surf, hobby que atrapalhava muito seu desempenho na universidade, falhou miseravelmente antes de ser bem-sucedido na vida. Suas duas ideias de empresas on-line no início dos anos 2000, o site empowerall.com, que era um site de e-commerce para vender eletrônicos ao público jovem por um preço mais acessível, e a empresa FunBug, voltada para serviços de marketing on-line, foram um fracasso retumbante. Nenhuma das empresas obteve lucro e rapidamente foram à falência. Para ficar pior, no caso do FunBug, cujo negócio era oferecer prêmios em dinheiro pela participação dos usuários em sorteios, em uma mistura de anúncios e jogos premiados, o encerramento da empresa causou prejuízos no valor de US$ 3,900.000.00 (algo como R$ 14.000.000,00) a diversos investidores que acreditavam no potencial da ideia. Nicholas Woodman admitiu que o fracasso desse último empreendimento foi ocasionado pelo simples fato de não ser capaz de criar uma base de usuários que fosse suficiente para gerar lucros com os anúncios presentes no site.

"Ninguém gosta de falhar, mas o pior de tudo é que perdi o dinheiro dos meus investidores, pessoas que acreditaram em mim e em minhas ideias.... Depois de perder quatro milhões de dólares (cerca de catorze milhões de reais), você começa a se questionar: minhas ideias são realmente boas?", declarou Nicholas à revista Forbes.

A epifania, ou o pensamento iluminado, que mudaria a vida de Nicholas Woodman ocorreu quando decidiu fazer uma viagem pela Indonésia e pela Austrália em busca de "picos" de surf, onde pretendia "esfriar a cabeça" em relação ao insucesso no mundo dos negócios. Nessa viagem, Nicholas percebeu que a única maneira de os surfistas capturarem suas experiências dentro das ondas era amarrar uma câmera subaquática ao pulso - o que não era nada prático, dado o tamanho dos equipamentos. Assim, ele imaginou que poderia criar um equipamento pequeno, portátil e resistente para ser utilizado na produção de imagens esportivas. Para financiar a ideia, Nicholas comprou um lote de 600 cintos de concha do mar em Bali e os revendeu nos EUA. Combinando o lucro dessas vendas com um empréstimo de sua mãe, ele criou o primeiro protótipo do que viria a ser a câmera GoPro Hero.

A primeira GoPro era uma pequena câmera de filme de 35mm desenvolvida por uma empresa chinesa chamada Hotax. Essa empresa incorporou uma alça personalizada por Woodman, pequenas modificações no corpo do equipamento, além do logotipo da GoPro. A Hotax vendeu lotes do equipamento para Nicholas por apenas US$ 3,05 (aproximadamente R$ 11,28), que foram vendidas no varejo por cerca de US$ 30,00 (aproximadamente R$ 111,00). Na verdade, entre 2002 e 2004, Woodman vendeu os primeiros lotes de seu produto enquanto circulava pela costa leste dos Estados Unidos morando em sua Volkswagen Kombi de 1971. Em 2004, Nicholas Woodman fez sua primeira grande venda para uma empresa japonesa que encomendou 100 câmeras durante um evento esportivo. Após isso, a GoPro foi ficando cada vez mais famosa, e as vendas dobravam a cada ano, chegando a impressionantes dois milhões e trezentos mil equipamentos vendidos em 2012. Ainda em 2004, a GoPro faturou cerca de US$ 150,000.00 (algo em torno de R$ 550.000,00), e em 2005, o faturamento atingiu o montante de US$ 350,000.00 (cerca de R$ 1.295.000,00). Em dezembro de 2012, a fabricante taiwanesa Foxconn comprou 8,88% das ações da GoPro por US$ 200 milhões (algo em torno de R$ 740.000.000,00), o que fez com que o valor de mercado da empresa atingisse o montante de US$ 2,25 bilhões (aproximadamente R$ 8 bilhões), tornando Nicholas Woodman bilionário.

"Quando eu tenho que tomar uma decisão difícil, eu me imagino como um cara de 90 anos de idade olhando para seu passado. Imagino o que eu pensaria sobre mim mesmo naquele instante, e isso sempre torna a tomada de decisões atuais muito mais fácil, pois não quero ter arrependimentos na vida. Normalmente, você só vai se arrepender de ter desistido", diz Nicholas Woodman.

4º - PARA FICAR RICO, SACRIFÍCIOS SÃO NECESSÁRIOS

A maior parte das pessoas tem medo de fazer sacrifícios, pois elas não conseguem avaliar o custo-benefício de abrir mão de um conforto atual, ou da relativa segurança da situação presente, em favor da possibilidade de obter vantagens muito mais interessantes no futuro próximo. Claro que todo investimento oferece riscos, mas, geralmente, quanto maior o risco, maior a recompensa. É notório que ninguém deve se expor a riscos que possam prejudicar suas vidas de maneira irremediável, mas se você não sair de sua zona de conforto, jamais irá realizar as ações necessárias a uma mudança relevante em sua vida. Sendo bastante direto, dentro do tema deste livro, se você permanecer acomodado, nunca será um milionário.

Muitas vezes, diria todas as vezes, antes mesmo de ficar rico, será necessário que você se torne mais pobre. Se você não é um feliz ganhador de alguma loteria ou herdeiro de alguém muito rico, e você quer entrar para o restrito clube das pessoas ricas e bem-sucedidas, você tem que estar disposto a pagar o preço cobrado pela vida das pessoas menos privilegiadas quando elas desejam ter ascensão econômico-financeira. Esse preço exige sacrifícios, e você deverá ser capaz de lidar com o pior se quiser obter o melhor. Você terá que adiar a gratificação do momento para se concentrar em um objetivo maior e melhor.

Para ter uma boa noção da relação custo-benefício dos sacrifícios que você terá que fazer para obter uma vida brilhante, responda com sinceridade e sem medo às seguintes perguntas:

- Qual é a pior coisa que poderia acontecer se algo der errado no caminho que eu escolhi para atingir meu objetivo de ter uma vida bem-sucedida?

- Qual é a melhor coisa que pode acontecer se tudo der certo no caminho que eu escolhi para atingir meu objetivo de ter uma vida bem-sucedida?

Após responder essas duas questões, você descobrirá que apenas um componente gera o receio de fazer sacrifícios em prol de uma vida melhor: o dinheiro. Como você terá que despender dinheiro para mudar sua vida, mesmo que seja pouco dinheiro, você fica com medo de perder esse seu suado dinheirinho, acumulado com muito sacrifício. Por outro lado, é também pelo dinheiro que você será capaz de suplantar o medo de sacrificar tudo o que você acumulou até esse momento para se tornar imensamente rico, mesmo que tenha que gastar até o último centavo no seu bolso para concretizar a ideia que vai render muita grana para sua conta bancária.

Um Sacrifício de 15 Mil, Uma Recompensa de 5 Bilhões

Kevin Plank, fundador da empresa fabricante de roupas e materiais esportivos Under Armour, tinha pouco dinheiro próprio quando decidiu iniciar um negócio no ramo de artigos exclusivos para esportistas. Ele gastou todo o dinheiro que havia economizado em trabalhos anteriores, algo em torno de US$ 15,000.00 (aproximadamente R$ 55.000,00), e ainda acumulou mais US$ 40,000.00 (algo em torno de R$ 148.000,00) em dívidas no cartão de crédito, financiando sua ideia.

Plank revela como e quando pensou iniciar o negócio que mudaria sua vida:

"Eu era um jogador de futebol americano não muito grande, diferente dos demais atletas em campo, e também não era muito rápido, mas eu queria encontrar uma maneira de ter uma vantagem sobre os meus adversários. Um dia imaginei que talvez diminuindo a quantidade de suor escorrendo sobre meu corpo conseguiria reduzir o peso que meus músculos tinham que deslocar durante os jogos, aumentando meu desempenho. Na verdade, essa carga a mais parece irrelevante, mas para um atleta de alto nível, pode ser a diferença entre perder ou ganhar uma partida. Daí me perguntei como alguém ainda não tinha criado uma alternativa melhor para uma camiseta de algodão de manga curta para o calor do verão, e uma camiseta de algodão de manga comprida para o frio do inverno. Algodão ensopado pode pesar muito. Isso foi tão incrivelmente óbvio para mim na época, que realmente eu não compreendia porque ninguém nunca havia abordado essa questão até aquele momento. A inovação nos esportes sempre foi limitada a um calçado especial ou a algum equipamento produzido com materiais que beneficiavam o desempenho dos atletas, mas o vestuário sempre foi um tema deixado para reflexões tardias, e eu me perguntei o porquê disso. Esse foi o meu momento iluminado".

Após nomear sua empresa de Under Armour, Kevin Plank pesquisou profundamente sobre tecidos sintéticos. Trabalhando no porão casa de sua avó, no bairro de Georgetown, em Washington, Distrito de Columbia, nos Estados Unidos, ele criou sua primeira camiseta com fibras de alto desempenho, produzidas por uma indústria chamada Minnesota Fabrics, que liberam a umidade rapidamente, fazendo com que os atletas se mantenham frescos, secos e leves nas piores condições de calor. Com um estoque pronto, ele viajou pelos Estados Unidos em busca de compradores para seu novo produto revolucionário. Sua "vitrine" era o porta-malas de seu carro. No final de 1996, Plank fez sua primeira venda para a equipe de futebol da Georgia Tech University, e, na sequência, fez diversas vendas para duas dúzias de times da NFL (organização dos Estados Unidos que administra a modalidade de futebol típica do país), faturando, em menos de três meses, o valor total de US$ 17,000.00 (algo em torno de R$ 60.000,00). No final de 1998, a Under Armour já não estava mais sediada no porão da casa da avó de Kevin: havia se mudado para um prédio comercial na cidade de Baltimore, nos Estados Unidos, mais condizente com uma empresa que, na época, estava faturando mais de US$ 3,000.000.00 (algo como R$ 11.000.000,00) por ano.

Kevin Plank complementa:

"O dinheiro é rei, ele define o seu sucesso. Mas um dos maiores erros que vejo nos 'eternos empreendedores' é que eles sempre estão atrás do dinheiro, sempre tentando levantar dinheiro para bancar sua mais recente ideia. Eles buscam um sócio. Minha reação quanto a isso é: faça um favor a si mesmo, invista seu patrimônio em seu produto, depois disso, saia, vá vender seu estoque para arrecadar mais dinheiro para fazer sua empresa crescer. Se você não conseguir vender nada, provavelmente há algo errado com o seu negócio.... Se vender, então você não vai precisa dar metade de sua empresa para aqueles que emprestaram dinheiro a você, e você será o único a tomar as decisões que darão um rumo para sua empresa".

Nos dias atuais, Kevin Plank comanda uma empresa com presença global, 14.000 funcionários, e receita total de US$ 5 bilhões (algo em torno de R$ 18 bilhões). Os produtos da Under Armour são vendidos no mundo todo e são usados por atletas, amadores e profissionais, de todos os níveis.

5º - PENSAR DE MODO NÃO ORTODOXO

Para ficar rico, você tem que enxergar as coisas sob ângulos inusitados, fora do esperado, nada evidentes. A vida é como um prisma: cada lado se mostra diferente dos demais. Isso é óbvio, mas a rotina diária nos impede de enxergar as sutilezas da vida. Uma oportunidade pode ser percebida por uma pessoa e completamente ignorada pela maioria. Aí está uma das chaves da fortuna. Vou usar um exemplo já utilizado em palestras motivacionais de como pensar diferente é fundamental para ser bem-sucedido:

"Um cara está dirigindo velozmente seu carro em uma rodovia. Em um certo momento ele vê uma placa onde está escrito 'Limite de Velocidade 40'. Ele continuou dirigindo e, mais à frente, avistou outra placa. Nela estava escrito: 'Limite de Velocidade 30'. Depois avistou outra placa onde se podia ler 'Limite de Velocidade 20', e depois mais outra placa onde estava escrito 'Limite de Velocidade 10'..."

Agora, eu pergunto a você: qual foi a próxima placa que o motorista avistou?

Seja bastante sincero, não tente se enganar, pois se assim fizer, somente você vai sair perdendo...

Certamente você pensou: "Limite de Velocidade 0".

Se foi isso mesmo, sem enganações, você não analisou todas as possibilidades de tradução da placa. Não abordou a questão sob todos os ângulos. Você, como todos fazemos normalmente, ficou preso no sentido literal da palavra "velocidade". Para esse exemplo, a resposta menos óbvia é: "Bem-vindo à Velocidade". Veja que não disse que é a única resposta possível, mas também não podemos dar respostas estúpidas e inadequadas ao questionamento. Aplicando esse caso ao contexto de uma oportunidade única na vida, você poderia tê-la perdido apenas por não ter avaliado as possíveis respostas para a questão de forma ampla, coerente e, talvez, menos óbvia.

Você não deve se limitar acreditando que há apenas uma conclusão possível para as várias questões da vida. As circunstâncias, os costumes, as relações pessoais e profissionais e até mesmo os diferentes períodos de um ano são apenas alguns dos inúmeros fatores que influenciam a condução de uma situação, a identificação de uma oportunidade ou que impactam a resolução de um problema.

Observe tudo sempre sob diversas perspectivas – horizontal, vertical, diagonal.... Geralmente analisamos as coisas dentro do cenário do "sim ou não", "um ou outro, mas não ambos", e desse modo ignoramos as demais alternativas possíveis.

Uma boa maneira de começar a treinar sua mente para mudar o seu jeito de ver as coisas são os passos que indico a seguir.

Digamos que você está enfrentando um problema:

1 – Pense na solução mais óbvia para equacionar a questão. Isso é importante, pois você deve ter pelo menos uma resposta em mãos a fim de ter um parâmetro para refletir sobre as demais possibilidades.

2 – Comece a identificar as demais opções que você tem, e que estejam ao seu alcance, para a resolução do seu problema. Anote-as em um papel ou em uma planilha – ignore as soluções negativas, elas o impedirão de agir, pois você ficará com receio de perder alguma coisa.

3 – Agora pense em seu problema novamente. Identifique claramente os fatores que motivaram o surgimento dele.

4 – Há alguma chance do problema se repetir? Em caso positivo, você deve eliminar os fatores que estão alimentando o problema. Se isso não for possível, você deve adotar providências para minorar os efeitos desses fatores sobre sua vida – mesmo que seja necessário ferir sentimentos, pois você deve ser prático. Não esqueça que, em primeiro lugar, a pessoa que você deve mais gostar nesse mundo é você mesmo. Por outro lado, se não há possibilidade de repetição do problema, adote os demais passos dessa lista.

5 – Agora analise mais uma vez sua lista de soluções. Compare-as. Anote ao lado delas as vantagens e desvantagens que cada uma oferece. Por fim, obviamente, escolha aquela que oferece as maiores vantagens, ou que causa os menores prejuízos, para você.

Agora vamos a um processo de mudança de pensamento, também básico, mas aplicado ao tema desse livro - ou seja, como encontrar um caminho para ficar rico.

Digamos agora que você quer identificar uma oportunidade de negócios:

1 – Observe o que todo mundo está fazendo, no que elas estão aplicando seus esforços. Se todo mundo está interessado em uma certa oportunidade de negócios, então você saberá que há dinheiro nisso.

2 – Agora se pergunte e responda: essa oportunidade está sendo explorada sempre do mesmo modo, o modo óbvio, ou todo mundo já descortinou todos os "lados" dela? Por exemplo, o ramo de supermercados é um ramo bastante saturado, mas que sempre tem gente empreendendo nele. O "lado" óbvio desse ramo é montar uma loja com uma grande variedade de produtos, desde alimentos crus até material de limpeza, com diversas faixas de preço e qualidade - e até mesmo eletrodomésticos, como ocorre nas grandes redes. Como ser diferente nesse ramo? Por exemplo, seria viável um supermercado especializado apenas em produtos orgânicos e ambientalmente corretos? O Whoole Foods* provou que sim. Ou com atendimento totalmente automatizado, sem filas nos caixas? A Amazon está testando esse modelo – pesquise na Internet sobre Amazon Go. Ou que vende apenas produtos de primeira linha, com preço mais alto? Ou, ainda, somente com produtos populares, de baixo custo, com preço mais acessível ou preço único?

* Mais adiante abordaremos um pouco dessa iniciativa.

2 – Identificada a oportunidade do momento, você deve se perguntar: posso conduzir essa oportunidade melhor que os demais? Em caso negativo, recomece o processo de identificação

de oportunidades, pois entrar em um mercado que está caminhando para a saturação, ou já saturado, sem algum diferencial para se destacar dos concorrentes é o primeiro passo para o fracasso.

3 – Por outro lado, em caso positivo: como faria para ser melhor? Pense nisso sendo realista. Anote em uma planilha como você pode empreender um negócio de maneira diferente, mais efetiva e eficiente que os demais – relacione todas as respostas possíveis e suas vantagens e desvantagens. Se não conseguir identificar nenhuma resposta satisfatória, recomece o processo de identificação de oportunidades.

Esse são modos muito básicos de começar a mudar seu jeito de pensar, mas você deve começar isso de alguma maneira, e não seria uma boa ideia iniciar sua jornada para solução de problemas ou de identificação de oportunidades de vida com um processo complexo, que exigiria um esforço para o qual você talvez não esteja preparado. Também, talvez, sejam processos óbvios para algumas pessoas, mas isso não invalida eles, pois a ideia é fazer você encontrar um modo melhor de fazer isso. Além disso, o processo de identificação de oportunidades pode durar dias, meses - os processos acima não darão a você uma resposta imediata. Aliás, nenhum método vai dar a você uma resposta imediata. Identificar soluções ou oportunidades são como produzir uma escultura a partir de um bloco maciço de mármore: exige tempo e dedicação.

Supermercado Saudável

Talvez você nunca tenha ouvido falar, mas a empresa Whole Foods é uma cadeia de supermercados norte-americana especializada na venda de produtos orgânicos. Eles possuem 479 lojas na América do Norte e no Reino Unido. O negócio foi iniciado em 1978 por John Mackey, e sua namorada, Renee Lawson.

John Mackey, hoje com 64 anos, declarou em um programa de televisão dos Estados Unidos que cresceu comendo "bolinhos de chocolate no café da manhã, hambúrguer no almoço e macarrão com queijo no jantar". Ele revela que somente começou a entender o valor de uma dieta saudável quando foi morar em uma fazenda-cooperativa focada em produtos vegetarianos aos 23 anos de idade. Na cooperativa, ele ficou fascinado com o potencial de uma alimentação saudável. Desse modo, como ele havia abandonado a faculdade, por achar as aulas chatas, sem um diploma, mas desejando profundamente trabalhar com alimentação orgânica, Mackey e sua então namorada, Renee Lawson Hardy, decidiram abrir uma mercearia de produtos naturais. Com empréstimos no total de US$ 45,000.00 (cerca de R$ 160.000,00) concedidos por familiares e amigos, o casal abriu uma pequena loja de produtos para vegetarianos na cidade de Austin, no Texas, que foi batizada de SaferWay, onde não vendiam carne e nem nada que contivesse açúcar. A loja tinha basicamente como clientes alguns hippies de Austin. Nesse período, os dois estavam tão sem dinheiro, que chegaram a ir morar na loja recém-aberta, pois foram despejados do apartamento onde moravam por falta de pagamento do aluguel. Mas não foi nada confortável morar nela, pois nem ao menos um chuveiro o local tinha, e o casal tomava banho com a água de uma mangueira conectada à torneira de uma pia.

Tudo começou a melhorar quando, em 1981, Mackey e Lawson fizeram uma parceria com Craig Weller e Mark Skiles para fundir a SaferWay com a Clarksville Natural Grocery, mercearia de produtos naturais de propriedade dos dois últimos, resultando na abertura do supermercado Whole Foods. A nova loja tinha 980 m² e uma equipe de 19 pessoas - era bastante grande se comparada com uma loja padrão de alimentos saudáveis daquela época.

"As pessoas estavam muito animadas com essa primeira loja Whoole Foods. Foi incrível! Não fizemos propaganda, tínhamos acabado de abrir as portas, mas o boca-a-boca foi incrível. Toda a comunidade hippie de Austin soube disso imediatamente, a loja logo ficou cheia de clientes", revela Mackey.

Porém, em 25 de maio de 1981, após fortes chuvas, houve uma grande inundação na cidade de Austin que danificou seriamente os estoques do Whole Foods. A loja ficou arruinada. As perdas foram de aproximadamente US$ 400,000.00 (cerca de R$ 1.400.000,00), e eles não tinham seguro. Clientes, vizinhos e funcionários se mobilizaram para consertar e limpar os danos. Credores, vendedores e investidores também ajudaram a recuperar a loja e a repor os estoques. A loja reabriu 28 dias depois da tragédia.

"Pensamos que estávamos fora dos negócios. Pelo montante dos prejuízos, o Whole Foods deveria ter morrido por causa daquela inundação. Reconstruir a loja custaria muito dinheiro. Não tínhamos dinheiro suficiente. Eu somente pensava: acabamos", diz John Mackey.

A partir de 1984, o Whole Foods, já estabelecido e bastante rentável, começou a se expandir. Primeiro, abriram uma filial em Houston e outra em Dallas, depois compraram uma loja em Nova Orleans, cujo nome era The Whole Food Co. Em 1989, inauguraram uma loja em Palo Alto, na Califórnia. Esse processo de expansão foi acelerado pela aquisição de diversas outras cadeias de alimentos naturais durante os anos de 1990: Wellspring Grocery, da Carolina do Norte, Bread & Circus, de Massachusetts e Rhode Island, Natural Foods Markets, de Los Angeles, Bread of Life, do norte da Califórnia, Fresh Fields Markets, da Costa Leste e do Centro-Oeste dos Estados Unidos, além das lojas da Bread of Life presentes na Flórida, lojas da Merchant of Vino da região de Detroit e a Nature's Heartland da cidade de Boston. A 100ª loja da empresa foi inaugurada em Torrance, na Califórnia, em 1999. O Whoole Foods também tem lojas no Reino Unido (em Londres, Glasgow e sete outras cidades do país) e no Canadá (em Vancouver, Toronto e outras dez cidades do país). Nos dias atuais, a empresa fatura mais de US$ 10 bilhões de dólares (cerca de R$ 37 bilhões) e emprega diretamente mais de 80.000 pessoas.

"Eu, em algum momento, achei que a empresa ficaria tão grande assim? Não, claro que não", declara Mackey.

***

Após dar esse panorama acerca do Whole Foods, a ideia aqui é mostrar a vocês como alguém conseguiu ser diferente em um mercado altamente competitivo: o de supermercados. Os supermercados Whole Foods se destacaram vendendo apenas produtos que atendiam a seus padrões de qualidade por serem "naturais", ou seja, alimentos minimamente processados, livres de gorduras hidrogenadas, bem como sem sabores artificiais, corantes, adoçantes, conservantes e diversas outras substâncias enquadradas como inaceitáveis pela empresa. Além de se proporem a não vender carne ou leite de animais clonados ou alterados geneticamente e vender muitos alimentos e produtos orgânicos com certificados de origem, que visam ser ecologicamente corretos e ecologicamente responsáveis. Bem diferente das práticas dos concorrentes, que geralmente não têm grandes preocupações com questões politicamente corretas.

***

6º - COMECE A AGIR: MEXA ESSE TRASEIRO GORDO

Se você quer ficar rico, quer ser alguém bem-sucedido, você tem que evitar a todo custo a procrastinação. Quanto mais você procrastinar, menos progresso em sua vida terá – novamente, isso é muito óbvio, e, novamente, as pessoas não agem de modo diferente, pois ficar "parado", esperando a mudança que nunca virá, é mais fácil. Você sempre pode continuar assistindo filmes, sempre pode prender sua atenção em seu videogame predileto, perder tempo precioso em redes sociais e distrações similares, engordando em cima de uma cadeira, feito um porco no chiqueiro. O tempo para navegar na web sem pensar muito parece infinito, especialmente quando você é o melhor em jogos online ou quando você possui um milhão de seguidores na Internet. Contudo, no final do dia, tudo não passa de procrastinação. As coisas que vão efetivamente mudar sua vida, você continua deixando para amanhã. Mas saiba que amanhã é um lugar onde quase todas as metas de vida estão enterradas. Pense nisso. Mas antes, pare de se esconder atrás de desculpas sem embasamento. Quando você começa a acreditar em suas próprias desculpas acerca dos motivos de outras pessoas se tornarem bem-sucedidas e você não, o fracasso começa a fazer parte do seu dia a dia com recorrência. Dificuldades na vida não é privilégio seu. Basta encarar os desafios da vida sem medo, basta que você seja apenas um pouco mais consistente em seus objetivos do que as outras pessoas para que você seja bem-sucedido. Uma desculpa é uma coisa muito barata... qualquer um pode ter uma, ou centenas delas, mas ser bem-sucedido custa um pouco mais, menos do que você pensa, porém, bem mais do que as pessoas estão dispostas a sacrificar para terem sucesso na vida. Assim, pare de dar desculpas e comece a enxergar oportunidades. Ao mudar de postura, elas, as oportunidades, vão começar a surgir diante de você todos os dias, pois não estarão ocultas pelas falsas razões que te impedem de vê-las e de agir para aproveitá-las. Mas não esqueça que oportunidades são construídas a partir de suas ações e decisões diárias. Ficar inerte ou tomar decisões ruins, tomadas sem critério, certamente não trarão boas oportunidades. Por outro lado, as boas oportunidades quando vierem até você, exigirão que você continue agindo todos os dias em favor delas, pois são como escalar uma montanha: para atingir o topo, é necessário o sacrifício da caminhada até lá – você pode até dizer que poderia atingir o cume de uma montanha, bem rapidamente e sem cansaço, com um helicóptero, por exemplo... mas, se pensarmos que "a subida da montanha da boa oportunidade" é uma metáfora para as dificuldades e os desafios que temos que encarar em nossas vidas diárias para concretizarmos nossos objetivos, essa opção, a de subir a montanha em um helicóptero, seria como você ter o desejo de iniciar um negócio e receber ele já pronto, já funcionando e já tendo lucro, o que não é muito plausível... Para ser bem-sucedido, para ficar rico, você precisará dar pequenos passos todos os dias. Nos tempos atuais, tudo parece ser instantâneo. Estamos ficando mal-acostumados. Tornar-se rico, milionário é um processo lento. Todo mundo quer para ontem, mas isso não vai acontecer – exceto se você ganhar em uma dessas loterias que pagam milhões... mas aí só posso desejar a você boa sorte, muita sorte... aliás, muita boa sorte mesmo, pois você vai precisar dela em grande quantidade para ser bem-sucedido na vida desse modo...

Outra coisa: não é pelo simples fato de as oportunidades começarem a aparecer para você, após você descartar as falsas razões do seu fracasso até o momento, que tudo será fácil. Você precisa entender que agir, aproveitar, ou encontrar, e conduzir as oportunidades que mudarão positivamente sua vida não é fácil. Esteja preparado para enfrentar uma série de desafios ao longo do caminho. As pessoas, de modo geral, querem se tornar bem-sucedidas na vida, ou ficarem ricas, ou se tornarem milionárias, desde que isso não implique encarar inconvenientes de qualquer tipo. Qualquer barreira é motivo para que elas desistam, pois, quase de imediato, se sentem sobrecarregadas e começam a ter dúvidas e medos. Viver fora de sua zona de conforto é a chave para o seu progresso. Treine sua mente no sentido de aceitar isso com naturalidade, pois a sensação de "segurança" é apenas uma grande ilusão. O mundo está sempre diferente do que era ontem e será diferente amanhã. Então, antes que o "mundo" force uma mudança em sua vida, e de forma aleatória, mude sua vida de livre e espontânea vontade e na direção que você escolher. Esqueça sua "zona de conforto", pois nela o seu desempenho é constante, porém limitado. Se começar a agir de modo diferente, você verá que pode conseguir mais do que jamais imaginou em sua vida.

O Ambiente Certo

Tornar-se rico requer o ambiente certo. Como assim? Explico. Responda com sinceridade: Quem você gostaria de ser? Quem é a pessoa que você mais admira? Agora responda: As pessoas com quem você mais interage no seu dia a dia compartilham dessa admiração? Em caso positivo, atingir seus objetivos será menos árduo, talvez você receba apoio e incentivos sinceros pelo caminho. Por outro lado, em caso negativo... esteja preparado, pois você será criticado, não receberá apoio. Todos, mesmo que indiretamente, vão tentar fazer com que você desista de suas metas, não porque não gostam de você, mas porque seus amigos e familiares não compartilham de suas paixões. As pessoas tendem a valorizar apenas aquilo que acreditam. Como você precisa encontrar um ambiente em que suas ambições e valores possam prosperar, é provável que você tenha que tomar algumas decisões difíceis, como cortar relações com pessoas que conhece a muitos anos. Isso faz parte. Acostume-se.

Além de tudo dito acima, por fim, tornar-se bem-sucedido, rico, requer uma abordagem moderada. Alimente-se de forma adequada, faça exercícios, tenha um padrão de sono regular, pois você pode ter uma vida desequilibrada por algum tempo, mas no longo prazo, ficará cansado, desmotivado e fraco. Tornar-se bem-sucedido é como correr uma maratona e exige preparação. Também não esqueça que se tornar rico, e permanecer assim, irá exigir de você conhecimentos acerca de como funciona o dinheiro. Estude, aprenda, aumente seus conhecimentos sobre finanças. Faça o dinheiro trabalhar para você e não o contrário.

Nunca é Tarde Para Mudar de Vida

"A vida inteira eu quis entrar no mundo dos negócios", diz Wally Blume, de 84 anos, fundador da Denali Flavors e Denali Ingredients, e um dos criadores do sorvete Moose Tracks – que é produzido a partir de uma mistura de sorvete de baunilha, manteiga de amendoim e fudge (chocolate, açúcar, manteiga e leite misturados e cozidos em fogo-médio, ganhando consistência cremosa para ser usado em recheios para bolos ou que, se produzido para ficar mais firme, pode ser servido cortado em pequenos pedaços).

Quando tinha entre 30 e 40 anos, Wally Blume pesquisou inúmeros tipos de negócios, mas, segundo ele, nunca teve dinheiro suficiente para iniciar qualquer empreendimento de seu interesse. Por consequência, acabou se conformando em seguir trabalhando como empregado de terceiros. Primeiro, trabalhou vinte e três anos, de 1962 a 1985, na área de desenvolvimento de produtos, inclusive laticínios, da rede de supermercados Kroger, dos Estados Unidos. Depois, em 1985, se tornou diretor de vendas e marketing da Country Fresh, a maior empresa de laticínios do estado do Michigan na época;

e no ano seguinte, 1986, aceitou o cargo de vice-presidente de vendas da General Container, uma empresa que vende embalagens e ingredientes para fabricação de sorvetes.

Blume, já com 50 anos, virou empresário quase por acaso, quando o Moose Tracks, o sabor de sorvete que ele e alguns colegas inventaram em 1988, se tornou extremamente popular: de apenas uma fábrica licenciada para produzir e vender esse sabor de sorvete, em 1989, o produto, até o final de 1996, estava sendo fabricado e vendido por 34 fábricas de laticínios nos Estados Unidos. Além disso, durante esse tempo, outros sabores foram criados por Wally Blume e seus parceiros, como os sabores da linha "Alaskan Classics": Caramel Caribou, que é sorvete com calda caramelizada, Bear Claw, que é feito com chocolate e castanhas e outros paladares.

Em 1996, para melhor administrar sua linha de produtos, Wally Blume e mais dois sócios decidiram criar a Denali Flavors, LLC (Ltda), uma empresa de licenciamento de sabores de sorvete, tendo como carro-chefe a marca "Original Moose Tracks" - que foi o primeiro sabor criado e licenciado por eles. O nome da empresa, Denali, é uma homenagem ao Parque Nacional Denali, no estado do Alasca, nos Estados Unidos, e uma conexão lógica com os nomes dos sabores de sorvete da linha "Alaskan Classics", que faz referência aos animais nativos do parque (bear = urso, moose = alce...).

As vendas do sorvete Moose Tracks e demais sabores, agora sob os cuidados da Denali Flavors, continuaram crescendo, e até o final dos anos de 1990 já eram 73 as empresas processadoras de laticínios que licenciavam as marcas e fórmulas dos sorvetes criados por Blume e companhia nos Estados Unidos.

Em 2000, Wally Blume, aos 62 anos, decidiu hipotecar sua casa e outros bens e comprar as partes de seus sócios na Denali Flavors. Ele e sua esposa, June, passaram a administrar o negócio sozinhos. Depois, em 2006, após adquirir a antiga fábrica Cool Brands/Eskimo Pie em New Berlin, no estado de Winsconsin, Wally Blume passou a produzir e vender matéria-prima para a confecção de sorvetes e outros produtos sob a marca Denali Ingredients. Hoje, a fábrica produz quase 30 milhões de quilos de matérias-primas para o mercado de sorvetes, doces, biscoitos e outros produtos alimentícios.

Embora Blume não divulgue a situação financeira de suas empresas, ele revela que seus sabores exclusivos (mais de 30) são incluídos em produtos que geram aproximadamente US$ 90 milhões (cerca de R$ 330 milhões) por ano em vendas.

Diferentemente da condição de empregado, como empresário Wally Blume disse que teve que trabalhar muito mais horas do que em qualquer outro momento de sua vida, especialmente nos primeiros dois anos da fundação da Denali Flavors, que foram cruciais para estabilizar a empresa e fazê-la crescer nos anos seguintes.

"Mas simplesmente adorei, pois esse é o meu negócio, e essa é a minha paixão", diz Wally Blume.

7º - APRENDA RÁPIDO (NÃO É FÁCIL), E MUDE MAIS RÁPIDO AINDA

Aprender geralmente é um trabalho árduo, que exige disciplina rígida. Logo, não há uma fórmula fácil para assimilar conhecimentos. Para amenizar a falta de atalhos para um aprendizado efetivamente rápido, podemos contar com a incrível capacidade que nossos cérebros têm para absorver e processar informações. Nossos cérebros estão constantemente se otimizando, mas na correria do dia a dia não percebemos isso, somente quando nos concentramos em algo é que sentimos esse processo. Uma maneira de maximizar a capacidade de aprendizado é criar condições adequadas a essa otimização natural de nossos cérebros para lidar com dados. Mas como podemos criar essas condições?

O modo mais óbvio é aprender fazendo. Coletar informações é um passo crucial para o início do aprendizado, contudo, se você ficar apenas no mundo dos conceitos não vai demorar para esquecer as informações estudadas. A prática oferece experiências únicas que a teoria não consegue proporcionar, além de fixar profundamente os conhecimentos em sua mente. Por exemplo, aprender com os próprios erros. A prática é como um treinamento para alguma atividade esportiva. Por exemplo, você pode entender toda a teoria acerca de futebol, mas se não praticar, não ir para o campo jogar o "jogo", com um treinador orientando você, indicando o melhor posicionamento, as jogadas adequadas a cada situação, você não iria muito longe nessa atividade, não se tornaria um jogador de alto nível. Sendo assim, aplicando isso ao mundo do empreendedorismo, no início, vai ser difícil, mas com as repetições práticas seu cérebro vai fortalecer os padrões que levarão você ao sucesso.

Aprender rápido ajudará você a minimizar os danos potenciais dos inúmeros limitadores dos fatores que serão importantes para você como um empreendedor – alguns desses fatores são tempo curto, dinheiro escasso, pessoas que não acrescentam nada, ou acrescentam pouco, ao empreendimento, talentos limitados, habilidades insuficientes, etc. Para atingir um objetivo, esses itens serão testados ao máximo e com níveis de prioridades diferentes à medida que você reagir às mudanças em seu ambiente de atuação e à competição presente no mercado. E muitas vezes o ambiente mudará muito mais rápido do que você é capaz de tolerar, se for pego de surpresa. Desse modo, você terá que aprender também a se adaptar de modo proativo, inovando antes que as mudanças externas cheguem. Antecipando-se aos problemas, ou a situações que você teria dificuldade de controlar se ocorressem repentinamente, você perceberá que reagir a uma situação é muito mais lento do que agir para impedir danos ou dominar um cenário antes mesmo que ele fique fora do seu alcance. Isso é óbvio, mas o número de pessoas e empresas que não perceberam algo diferente no horizonte e foram tragadas pelas "ondas" das mudanças, ao invés de "surfar" sobre elas, é imenso.

De Motorista A Passageiro

Quando você é o motorista do carro, quem define a direção a ser tomada, o caminho a ser seguido, a velocidade da marcha e até mesmo seus parceiros de viagem, é você - pelo menos na teoria é assim. Aplicando essa ideia ao mundo dos negócios, quando uma empresa é a pioneira em um mercado, ou é a maior na área, ela, teoricamente, é o "motorista" do setor, pois se ela domina o negócio, os concorrentes costumam ficar atentos aos seus "passos", replicam suas ideias - se forem boas, tentam ser mais eficientes e mais rápidos a um custo menor, mas talvez não com a mesma qualidade. Por outro lado, a empresa dominante tem os recursos necessários para atender mais rapidamente os novos desejos de seus clientes, podem desenvolver produtos mais interessantes e inovadores e, se for o caso, podem adquirir o controle das empresas concorrentes para se manter competitiva. Dito isto, a Blockbuster foi de motorista à passageiro em menos de duas décadas de dominação dos serviços de locação de vídeos (filmes, shows, séries, etc.), em VHS e DVD, e videogames para o mercado doméstico dos Estados Unidos e diversos outros países.

Talvez você não se lembre da Blockbuster, mas essa empresa foi a maior provedora de serviços de locação de filmes e videogames dos anos 90. No seu auge, em 2004, a Blockbuster empregava mais de 84.000 pessoas em todo o mundo, sendo aproximadamente 60.000 empregados somente nos Estados Unidos, e dispunha de mais de 9.000 lojas em diversos países, sendo 4.500 delas somente nos EUA. O seu faturamento, no auge de suas operações em 2004, atingiu o valor de US$ 6 bilhões (cerca de R$ 22 bilhões) por ano.

A Blockbuster foi fundada em 1985 por David Cook, morador de Dallas, Texas. Com o dinheiro obtido com a venda de uma de suas empresas, por sugestão de sua esposa, Sandy Cook, ele decidiu comprar uma franquia da rede de locadoras Video Works. Porém, quando a Video Works não permitiu que ele decorasse o interior de sua loja com um design azul e amarelo, ele decidiu encerrar o contrato de franquia. Mas David já havia percebido que o setor de locação de vídeos era muito mais promissor que sua atuação na área de serviços de software para a indústria de petróleo e gás. Desse modo, ele decidiu abandonar o setor petrolífero, e renomear sua empresa de "Cook Data Services" para "Blockbuster Entertainment".

A primeira loja Blockbuster foi inaugurada em 19 de outubro de 1985, em Dallas mesmo, onde David Cook residia, com um estoque inicial de 8.000 fitas VHS e 2.000 fitas BetaMax. A enorme experiência de Cook no gerenciamento de bancos de dados ajudou a impulsionar a inovação dentro do setor de locação de vídeos com a operação da loja sendo feita toda de modo computadorizado. Em 1986, ele abriu mais três unidades Blockbuster. Com o incrível sucesso das primeiras lojas, ainda em 1986, Cook construiu um centro logístico de US$ 6 milhões (algo como R$ 22 milhões) na cidade de Garland, no Texas, para sustentar e apoiar o crescimento da empresa, permitindo a abertura rápida de novas lojas e viabilizando a customização dos estoques de fitas de vídeo das lojas conforme os temas de interesse da vizinhança onde localizadas.

Em 1987, David Cook vendeu parte da Blockbuster para um grupo de investidores que incluía Wayne Huizenga, fundador da Waste Management, a maior empresa de coleta de lixo do mundo. Nesse mesmo ano, após alguns desentendimentos, David Cook deixou a Blockbuster, e Huizenga assumiu o controle da empresa e mudou sua sede para Fort Lauderdale, na Flórida. Sob a liderança de Wayne Huizenga, a Blockbuster embarcou em um agressivo plano de expansão: até início dos anos 90, eles abriram uma loja a cada 24 horas, além de abocanhar diversas cadeias de locadoras de vídeo concorrentes. Já em 1988, a Blockbuster era a principal rede de locadoras de vídeo dos Estados Unidos, com cerca de 400 lojas. Em 1990, a Blockbuster atingiu sua milésima loja e expandiu-se para o mercado externo. Durante os anos seguintes, a Blockbuster comprou a rival Erol, incorporando mais de 250 lojas a sua rede; comprou as lojas especializadas em música Sound Warehouse e Music Plus; assumiu o controle acionário da Spelling Entertainment Group, uma empresa de mídia dirigida pelo produtor de televisão Aaron Spelling, e adquiriu a Super Club Retail Entertainment, da Philips Electronics, o que aumentou o número de suas lojas próprias em mais 430 unidades.

A Blockbuster tornou-se uma empresa multibilionária, mas Wayne Huizenga estava preocupada sobre como as novas tecnologias poderiam ameaçar seus negócios - o vídeo sob demanda estava a cada dia mais acessível e o número de assinantes de televisão por cabo crescia exponencialmente. Ele tentou expandir a atuação da Blockbuster para outras áreas - como comprar uma empresa de televisão por cabo, que era um território totalmente desconhecido para a Blockbuster, o que fez com que ele decidisse não correr o risco de fracasso. Também aventou a possibilidade de construir um parque de diversões com a marca Blockbuster na Flórida, mas que também não saiu do plano das ideias. Incapaz de encontrar uma solução adequada para enfrentar as crescentes ameaças no mercado de locação de vídeo tradicional, Wayne decidiu vender a Blockbuster para a Viacom – atualmente o quarto maior conglomerado de empresas de mídia do mundo. A Viacom pagou US$ 8,4 bilhões (cerca de R$ 30 bilhões) pela Blockbuster em 1994. Porém, apenas três anos depois, em 1997, a empresa estava avaliada em apenas US$ 4,6 bilhões (cerca de R$ 17 bilhões). Ou seja, os investidores já sinalizavam desconfianças quanto à viabilidade da Blockbuster.

Em 1998, quando os DVDs começaram a ser o padrão mais popular para distribuição de vídeos, a Warner Bros. ofereceu à Blockbuster um contrato de exclusividade para suas produções lançados nesse formato. No ajuste, a Blockbuster teria direito de oferecer para aluguel em suas lojas os novos lançamentos em DVD do estúdio por um período de tempo antes de serem colocados à venda para o público em geral. Em troca, a Warner receberia 40% das receitas de locação – na verdade, essa era a mesma fórmula em vigor para o aluguel das tradicionais fitas VHS.

Contudo, a Blockbuster decidiu que somente aceitaria o acordo se o percentual de repasse para o estúdio fosse menor. A resposta da Warner foi disponibilizar no varejo os DVDs pelo preço de atacado, competindo diretamente com o setor de locação. O Walmart, maior varejista dos Estados Unidos, aproveitou a oportunidade e em diversos períodos nos anos seguintes superou a Blockbuster como a principal fonte de receitas para os estúdios de Hollywood. Outros varejistas logo seguiram o exemplo do Walmart, e começaram a vender DVDs em suas lojas a preços atraentes - inclusive algumas redes ofereciam os disquinhos prateados abaixo do preço de atacado na esperança de vender outros itens de seus estoques com melhores margens de lucro, como resultado do tráfego adicional de consumidores em suas unidades de venda. Incapaz de competir com os preços extremamente baixos praticados pelas lojas de varejo de massa, o modelo de negócios da Blockbuster começou a ruir. Mas esse baque inicial não foi apenas por falta de visão, mas por arrogância: tentaram se sobrepor ao fornecedor de seu principal artigo de vendas, acreditando no próprio tamanho, como maior rede locadora de vídeos do mercado, e foram atropelados.... Mas a crônica incapacidade de se adaptar a um novo cenário iria ficar mais óbvia na trajetória da Blockbustar após o surgimento de um novo concorrente: a Netflix.

A Blockbuster acreditava fortemente que seus clientes pagavam pela "experiência" de ir até uma de suas lojas, alugar um ou vários filmes e comprar itens extras, como doces e pipocas, quando, na verdade, as pessoas se dirigiam às unidades da Blockbuster apenas para buscar seus vídeos e filmes prediletos, pois sabiam que nelas havia variedade desse tipo de entretenimento e também os últimos lançamentos dos estúdios de cinema. Talvez, apenas por impulso, gastassem mais alguns trocados em guloseimas. O ato de "ir até a loja" era apenas uma obrigação por falta de alternativa que oferecesse mais comodidade.

Destoando da imensa e cara estrutura da Blockbuster, a Netflix, fundada em 1998, começou como uma empresa de serviços de aluguel de filmes por correspondência através de um site na Internet – eles tinham apenas 30 funcionários e 925 títulos disponíveis, o que era quase todo o catálogo de DVDs disponíveis na época, com preço de aluguel, multas por atraso e datas de vencimento semelhantes às da rival Blockbuster. Porém, além do custo de operação muito menor, como era uma loja online, a Netflix tinha um alcance muito maior, pois qualquer um que estivesse navegando na Internet era um cliente potencial. A partir de setembro de 1999, a Netflix introduziu o conceito de assinatura mensal, e no início de 2000 abandonou o modelo de aluguel por unidade, ou seja, o cliente pagava a assinatura mensal e poderia ter acesso ao catálogo completo da Netflix, e poderia ficar com os filmes por tempo indeterminado, sem risco de pagar taxas por atraso ou despesas de envio e manuseio dos DVDs. Além disso, a Netflix já tinha noção de que o streaming on-line era o futuro do seu negócio, ou seja, ela sabia que em algum momento teria que canibalizar a receita de entregas de DVDs via correio em favor do provimento de conteúdo on-line.

Para tornar as coisas mais dramáticas para a Blockbuster, trinta por cento do lucro dela era originado de algo que os clientes odiavam: pagamento de multas por atraso na devolução das fitas de filmes e vídeos. Ou seja, parte significativa da receita que mantinha a Blockbuster nos negócios era de uma fonte que a Netflix dispensava. O incrível disso tudo é que a Blockbuster teve oportunidade de comprar a Netflix no início dos anos 2000 por US$ 50 milhões (algo como R$ 185 milhões), mas recusou a proposta, pois o faturamento da Netflix era todo originado em assinaturas mensais, sem previsão de multas por atraso na devolução dos vídeos, o que representava uma aparente ameaça às receitas habituais da

Blockbuster. Outro fator, como dito antes, era que a Blockbuster não conseguia enxergar o fato de que as pessoas prefeririam utilizar a Internet para selecionar os filmes e vídeos que gostariam de ver, ao invés de irem até uma loja "bater pernas" entre prateleiras e produtos que não interessavam a elas nesse momento. Os administradores da Blockbuster estavam tão perdidos, que em 2005, decidiram suspender a cobrança das multas por atraso, apenas para reestabelecer elas em 2010, pois representavam um incremento de US$ 300 milhões (aproximadamente R$ 1,1 bilhão) por ano ao faturamento da empresa – a Blockbuster, definitivamente, não entendia que as regras do jogo estavam mudando, o horizonte do seu ramo de atuação estava ficando diferente, e em vez de se preparar para "surfar nas ondas da mudança", persistia nas mesmas práticas obsoletas ou optavam por atitudes ineficientes para o seu caso, como tentar aumentar as receitas das lojas físicas vendendo doces, livros, brinquedos e outros itens, praticamente transformando-as em unidades de varejo comum. Na verdade, o cerne de tudo, é a que Blockbuster ficou cega no que se referia ao seu futuro e conduzia seu negócio com base no passado. Ao contrário da Netflix, que tinha um foco claro no futuro.

A Blockbuster tentou trabalhar com o aluguel de vídeos e filmes pelo correio e também chegaram a introduzir o streaming de vídeos em seu site, mas não foi capaz de oferecer um serviço convincente para os clientes - ela conseguiu dois milhões de assinantes em 2006, mas a Netflix, nesse mesmo ano, já havia ultrapassado a marca de seis milhões de clientes pagantes. No desespero, a Blockbuster chegou a ofereceu um plano de assinatura ilimitado chamado "Plano de Acesso Total", porém, cancelou a oferta aos clientes meses depois, já que a receita apurada com esse plano era muito inferior ao que estava acostumada a apurar em suas operações habituais. Mas essa decisão custou caro: a Blockbuster perdeu 500.000 assinantes em menos de 3 meses. Com os concorrentes tendo custos infinitamente menores, as lojas físicas, que fizeram a fama da Blockbuster, agora eram uma imensa desvantagem que eles não queriam descartar a fim de diminuir despesas e ganhar agilidade. Bem diferente da atitude da Netflix, que destruiu sua receita com entregas de vídeos por correspondência em favor do dinheiro advindo do streaming on-line.

Em 2008, o diretor-geral da Blockbuster, Jim Keyes, declarou:

"Estou francamente confuso com esse fascínio que todos têm pela Netflix.... Eles realmente não têm nada, ou não fazem nada, que não possamos fazer ou que já não façamos...".

Por fim, a Blockbuster entrou com pedido de falência no final de 2010.

***

Como disse antes, reagir é sempre muito mais lento do que agir, e assim foi com a Blockbuster.

***

8º - TENHA OBJETIVOS CLAROS, MESMO QUE APARENTEMENTE IMPLAUSÍVEIS

Sem saber para onde ir, ninguém vai até a garagem de casa, entra em seu carro e sai com ele dirigindo pelas ruas e estradas sem rumo definido... pelo menos ninguém que seja minimamente sensato. Não saber o destino e quando é necessário chegar lá é exatamente a mesma situação de quando não temos um objetivo claro e bem definido em nossas vidas.

Exemplificando um objetivo bem definido: se você precisa perder peso, primeiramente você externa esse desejo:

"Tenho que emagrecer!"

Agora você precisa identificar os motivos e as exatas características que te deixarão satisfeito quando concretizar esse objetivo: Por que você quer emagrecer? É para ficar em forma? Por que você quer ficar em forma? É por uma questão de saúde? Se for por mais saúde, se você não perder peso, sua vida corre risco? Quanto peso você quer perder? O peso a ser perdido é suficiente e adequado ao seu perfil físico? Em quanto tempo você pretende atingir essa meta?

Geralmente as pessoas não são tão minuciosas em suas metas, não há clareza em seus objetivos. Não responder o "porquê", o "como" e o "quando" queremos atingir certo objetivo somente nos dá motivos para procrastinar as ações necessárias ao seu atingimento. Entrar em um processo sem saber o porquê estamos nele é o primeiro passo para a desistência.

Outro exemplo simples: ir ao supermercado sem uma lista de compras. Como você saberá os itens que precisa comprar? Como você saberá qual o valor total dos itens que você necessita adquirir? Se você não sabe o que comprar, nem quanto irão custar, mesmo que aproximadamente, é provável que você desperdice tempo e recursos preciosos dentro da loja. Talvez você desista disso e volte para casa sem nada, ou talvez adquira produtos que não precisa. Em uma ou outra opção, você terá fracassado em seu objetivo de abastecer adequadamente a despensa de sua casa.

Desse modo, quanto mais detalhes você definir acerca de seu objetivo, maiores serão as chances de sucesso e menores as possibilidades de você desistir antes de concretizá-lo. Isso é óbvio, mas não costumamos fazer nem mesmo o óbvio.... Continuando: Objetivos de longo prazo são os mais simples de serem divididos em etapas, onde você pode delinear pequenas metas a serem atingidas com menor dificuldade. Mas isso não impede que alvos de curto e médio prazos não possam ser "fatiados" a fim de facilitar o atingimento do resultado pretendido por você. Mas de curto, de médio ou de longo prazos, não importa a medida, você deve implementar estratégias em sua vida diária que facilitem seu trabalho em prol da realização de seus sonhos. Além disso, dividir seu objetivo em etapas vai dar uma noção precisa de sua posição a cada momento, ou seja, se você está se aproximando do ponto final, ou se afastando do resultado positivo que pretende conquistar.

Como disse no título acima, mesmo que você tenha objetivos aparentemente impossíveis tenha em mente o seguinte: não importa quão grande seja seu objetivo, ele será resultado direto de uma sequência de alguns, muitos ou milhares de pequenos passos que você terá concretizado até chegar ao valor final pretendido.

Sendo redundante em relação ao que já foi dito até aqui, as principais tarefas de um objetivo "impossível" devem ter suas fronteiras perfeitamente demarcadas para que você perceba quais os requisitos, quais as habilidades e atitudes que você precisa desenvolver para atingir esse valor aparentemente inalcançável. Esse delineamento começa com você se questionando que tipo de pessoa alcançaria tal objetivo "impossível" e quem você precisa se tornar para atingi-lo.

Estude, analise, aprenda tudo o que puder sobre seu objetivo. Encontre pessoas que tenham realizado algo igual ou pelo menos parecido. Descubra os "caminhos" que essa pessoa utilizou para concretizar essa meta. Aprenda com ela – aprenda especialmente com os erros dessa pessoa. Se isso não for possível, pesquise na Internet, em diversas línguas, leia livros acerca de sua ideia, ou que contenham matéria que faça você se inspirar. Não aja como quem quer reinventar a roda. Imitar quem já atingiu um objetivo igual ou similar ao seu é o caminho mais fácil para o sucesso. Faça seu objetivo virar parte do seu dia a dia, de sua realidade. Acredite que é possível. Entenda que resultados fenomenais exigem que você tenha uma mentalidade brilhante, que só vai estar disponível se você utilizar sua capacidade de gerar uma crença inabalável de que pode e vai realizar seus objetivos de vida por meio de persistência, paciência e trabalho intenso.

Um Império Doce

A Hershey's é uma das marcas famosas no ramo das indústrias de chocolate. Mas antes do sucesso, seu fundador, Milton Hershey, foi demitido do primeiro emprego como aprendiz em uma gráfica, pois não tinha interesse nesse trabalho, e faliu duas vezes antes de ser bem-sucedido com as empresas Lancaster Caramel Company, que produzia basicamente caramelo, e foi vendida por algo em torno de US$ 1 milhão (cerca de R$ 3,7 milhões) em 1900 para a American Caramel Company, e a Hershey Chocolate Company - que ele não vendeu porque acreditava haver um grande mercado consumidor de chocolates ainda não atendido naqueles anos do início do século 20.

Diferentemente dos demais empreendedores do final do século 19 e início do século 20, quando os empresários focavam seus esforços na criação de impérios de aço, petróleo e ferrovias explorando os trabalhadores, Milton Hershey tinha um conceito diferente: oferecia a seus funcionários salários decentes e condições de trabalho dignas. Mas isso não significava que a trajetória de Hershey para o sucesso não tenha sido repleta de obstáculos e contratempos que teriam esmagado pessoas com objetivo de vida inconsistente. Milton Hershey tinha muita perseverança, engenhosidade e uma incrível capacidade de se recuperar do fracasso. Com essas características, ele construiu uma das maiores fortunas dos Estados Unidos - US$ 10 bilhões (algo como R$ 37 bilhões).

Hershey começou a estabelecer sua meta de vida quando, aos quinze anos de idade, virou aprendiz do confeiteiro Joseph Royer, na cidade de Lancaster, no estado da Pensilvânia, nos Estados Unidos. Com Royer, Hershey adquiriu boa parte das habilidades que usaria para construir seu império.

Decidido a trabalhar no ramo de guloseimas, em 1876, e contando com apenas US$ 2.600,00 (cerca de R$ 9.000,00) emprestados por uma tia, Milton Hershey abriu sua primeira loja de doces na cidade de Filadélfia, estado da Pensilvânia, nos Estados Unidos. Durante seis anos ele trabalhou de maneira árdua, de 12 a 15 horas por dia fabricando caramelos, a fim de manter a empresa funcionando. Porém, em fevereiro de 1882, após um período acometido por doenças e acumulo de dívidas, Milton decidiu vender o negócio e ir morar na cidade de Denver, no estado do Colorado. Essa mudança ocorreu na esperança de ganhar dinheiro, juntamente com seu pai, nas recentes minas de prata descobertas naquela região dos Estados

Unidos. Não deu certo. De qualquer modo, o ramo de doces havia conquistado Hershey, e como ele não conseguiu encontrar riqueza com o mineiro de prata, arranjou um trabalho com um confeiteiro da cidade de Denver. Foi aí que descobriu algo que lhe traria muito dinheiro: Hershey percebeu que ao adicionar leite fresco ao caramelo, coisa que ninguém fazia naquele tempo, melhorava e aumentava muito a qualidade e a durabilidade do doce. Esse detalhe seria a chave para o sucesso dos próximos empreendimentos de Hershey nos anos seguintes.

Após um período morando em Denver, Milton Hershey foi morar em Chicago. Nessa cidade abriu outra loja de doces, que não demorou a falir. Com esse fracasso, ele foi morar em Nova Orleans, e depois em Nova Yorque. Nessa cidade, Milton abriu mais uma loja de guloseimas, mas que logo que teve que fechar as portas. Quebrado, quase sem nada nos bolsos, e como toda desgraça nunca vem sozinha, Milton Hershey retornou a sua cidade de origem, Lancaster, para obter apoio de seus parentes. Contudo, eles haviam desistido dele, inclusive recusaram-se a apoiá-lo de qualquer forma, especialmente negando pedido de empréstimo de dinheiro para que tivesse a chance de começar outro negócio. Por outro lado, confirmando o provérbio "quem tem amigos, nunca está sozinho", Hershey encontrou a salvação através de um velho amigo: Henry Lebkicher era seu nome. Ele havia trabalhado para Milton Hershey em sua primeira loja na Filadélfia. Henry não apenas ofereceu a Hershey um lugar para morar, como também emprestou o dinheiro necessário para que trouxesse o equipamento de fabricação de doces que havia deixado em Nova York e iniciasse um novo negócio: a Lancaster Caramel Company. Nesse novo empreendimento, Milton Hershey começou a experimentar o uso de leite fresco no processo de fabricação dos doces. Impressionado com a qualidade e a durabilidade dos novos caramelos à base de leite produzidos pela empresa de Hershey, um importador da Inglaterra fez um grande pedido de doces. Essa venda permitiu que Hershey obtivesse um empréstimo de US$ 250,000.00 (cerca de R$ 900.000,00) que ele utilizou para expandir rapidamente seus negócios. Tanto, que em menos de cinco anos, além da fábrica original de Lancaster, ele abriu unidades fabris nas cidades de Mountjoy, na Pensilvânia, e Geneva, no estado de Illinois. Nessas três fábricas, trabalhavam mais de 1.300 pessoas. A persistência de Hershey finalmente estava sendo recompensada.

Com a Lancaster Caramel Company já bem estabelecida, Milton Hershey poderia ter se "aposentado", mas ele não ficou parado, colhendo os frutos de seu esforço. Ele decidiu direcionar suas atenções e seu capital apenas para a Hershey Chocolate Company, pois acreditava que o caramelo era uma moda passageira, e o chocolate seria um produto perene. Com essa ideia na cabeça, ele vendeu a empresa de caramelos e passou a se dedicar apenas aos doces feitos com o derivado de cacau. Isso representava um risco enorme, tendo-se em vista que ele tinha um histórico de fracassos razoável. Mas, felizmente, com um catálogo de 114 tipos diferentes de bombons de chocolate, incluindo barras de chocolate ao leite, a Hershey's virou um fenômeno de vendas de chocolates nos Estados Unidos. Ainda nos dias atuais, é a maior fabricante de chocolate do País e uma das maiores do mundo.

***

Vejam que Milton Hershey tinha definido que seu foco na vida era trabalhar no ramo de doces e guloseimas, ou seja, já tinha um objetivo bem definido. Contudo, talvez por falta de experiência em administração de negócios, ele teve vários contratempos até "acertar a mão". Mas o objetivo estava traçado, e ele jamais desistiu de realizar suas metas, mesmo quando estava sem dinheiro, quase na miséria.

***

9º - NÃO SEJA LIMITADO

As massas, geralmente as mais pobres e ignorantes, acreditam fortemente no mito de que apenas pessoas com sorte conseguem ficar ricas. Isso é uma ideia estúpida, pois esse tipo de pensamento somente limita ainda mais a vida desses indivíduos.

Estar no "lugar certo e na hora certa", onde todos os fatores conduziram a um resultado positivo, é uma das várias situações em que temos a percepção de que alguém teve o que chamamos de "sorte". Desse modo, podemos dizer que a "sorte" não passa de uma mera "coincidência favorável", correto? Mas seria possível adotarmos posturas que maximizem o número de iterações desses momentos de "coincidência favorável"?

No conceito mais popular de "sorte", ela seria uma "força" que nos leva a um certo local, em dado momento, onde fazemos a coisa certa, que, combinados, resultam em algo positivo. Mas sendo mera coincidência, esse conceito seria um equívoco – não há força alguma atuando em nosso favor.

Pense no seguinte: nós, todos os dias, fazemos coisas no sentido de obtermos resultados. Esses frutos irão variar conforme a probabilidade natural de ocorrência de um certo resultado em um conjunto de resultados possíveis. "Meu Deus, como assim? Não entendi nada!" Calma! Explico: por exemplo, se você nunca joga na loteria, qual sua chance de ser premiado? Nenhuma. Nunca vai ocorrer para você a "coincidência favorável", ou, se preferir, a "sorte" não vai atuar em seu benefício. Mas se você joga, você terá uma chance, ao menos, de ganhar na loteria. Se você jogar 6 números em 60, suas chances de ganhar serão 1 em um pouco mais de 50 milhões de não ganhar. Nesse contexto, a "coincidência favorável" que buscamos em algum momento aparecerá, mas a probabilidade dessa ocorrência é extremamente remota: talvez ela ocorra na primeira rodada, talvez ocorra na última.... Mas insisto, tem como melhorar as chances de obter um resultado positivo nesse universo de 50 milhões resultados possíveis desfavoráveis? Sim. Se você jogar mais números no mesmo cartão de loteria, você melhora suas chances de ganhar. Por exemplo, se você jogar 9 números em 60 números disponíveis, suas chances de ganhar passam a ser de 1 em um pouco mais de 590 mil chances de perder. Essa melhoria em suas chances de ganhar na loteria veio de onde? Da "sorte"? Não. Veio de uma atitude sua. De qualquer modo, ganhar na loteria é algo bem difícil, pois quando não são as probabilidades trabalhando contra você, os custos de melhorar suas chances são bastante altos.... Assim, vamos trabalhar a seguir com um exemplo mais simples.

Digamos que você não tem conhecimento acerca de trabalhos com cerâmica, e consegue fazer um pote de barro bem feito a cada dez potes mal feitos – nesse contexto, você dirá que teve "sorte" ao produzir um pote bom. Por outro lado, se você obtém conhecimento e experiência na arte de produzir itens de barro e cria 10 potes perfeitos, o fator "sorte" deixou de existir. Desse modo, o conceito de "sorte" somente é apresentado quando a pessoa não está totalmente preparada para realizar algo.

Pelo exposto acima, você não deve esperar a "sorte" bater em sua porta, pois quem faz a sua "sorte" é você mesmo – viabilize mais momentos de "coincidências positivas" em sua vida. Certas pessoas são afortunadas, pois obtiveram uma ótima educação, veem de famílias tradicionalmente bem-sucedidas, têm as conexões certas e, assim, a vida parece bem fácil para elas. E, de fato, é relativamente fácil mesmo, pois essas pessoas são preparadas desde muito cedo para se agarrarem às melhores oportunidades da vida e conseguem sucesso muito mais cedo do que os demais indivíduos. Infelizmente, a maioria de nós se contenta com uma educação medíocre, experiências de vida medianas e tentam conseguir o melhor emprego que puder encontrar. Mas isso não é regra absoluta: você pode e deve ser diferente. Para quem não é abastado, a maneira mais simples de ter acesso às melhores oportunidades da vida é trabalhar duro (mas de modo sagaz – nunca esqueça disso!), mudar de emprego, iniciar um negócio próprio, aprender novas habilidades e conhecimentos, fazer novos contatos. É com atitudes assim que pessoas com vidas triviais se tornam bem-sucedidas. Você acha tudo isso complicado? Contrariando parte do que disse acima: saiba que a vida não fácil. Tudo é bem difícil mesmo. Talvez leve muitos anos até você ter uma grande oportunidade para mudar de vida. Mas isso é motivo para desistir? Não. De jeito nenhum. Na verdade, a "grande oportunidade" que você busca somente está aguardando que a luta pela sobrevivência diária não te impeça de vê-la. Também tem outro fator: às vezes, a oportunidade que esperamos nunca aparece porque definimos metas muito altas e não trabalhamos para aperfeiçoar e reforçar nossos talentos e senso de persistência inatos de maneira suficiente para atingi-las.

Cabelo e Tequila

John Paul DeJoria, o homem por trás de um império bilionário construído a partir do setor de beleza e tratamento para cabelos, e também com a venda de bebidas, mais especificamente tequila, a Patron Tequila, viveu em um lar adotivo e, depois, como sem-teto nas ruas da cidade de Los Angeles, nos Estados Unidos.

A infância foi um período muito difícil para DeJoria, pois era o filho mais novo de imigrantes da Itália e da Grécia que se mudaram para os Estados Unidos na esperança de viver o "Sonho Americano" – ou seja, ganhar dinheiro e ter uma vida decente.

"Meus pais se divorciaram antes de eu completar dois anos de idade. Meu irmão e eu começamos a vender cartões de Natal e jornais, quando eu tinha nove anos de idade, para termos uma vida um pouco melhor. A gente acordava às três da manhã para dobrar e entregar os jornais aos clientes o mais cedo possível", recorda John.

Mesmo assim, após a separação, sua mãe não conseguia sustentar os filhos, e John e seu irmão foram entregues a uma família adotiva.

Nessa época de "vacas magras", John Paul DeJoria não sonhava muito alto, seus desejos eram simples:

"Quando eu era criança, meu sonho era ser capaz de conseguir um emprego onde pudesse ganhar uns US$ 150,00 (algo em torno de R$ 500,00) por semana, que era o suficiente para ter uma pequena casa e um bom carro usado."

Na verdade, ele era relativamente igual aos demais jovens que cresciam nos bairros mais pobres da Cidade dos Anjos. Tanto era assim, que não demorou para DeJoria se envolver com as gangues de rua típicas da metrópole californiana. Mesmo assim ele conseguiu se formar no ensino médio e foi prestar serviço na Marinha dos EUA. Porém, em 1964, após sair da Marinha, John DeJoria ainda não tinha um rumo definido para sua vida, não tinha perspectiva, e acabou indo morar nas ruas de Los Angeles.

"Foi um dos momentos mais assustadores da minha vida, principalmente porque, com vinte e poucos anos, eu era orgulhoso demais para pedir ajuda a alguém. Nas ruas, eu costumava procurar e juntar garrafas de Coca-Cola vazias, depois entregava elas em postos de coleta em troca de um pagamento que variava de dois a cinco centavos de dólar por vasilhame. Vivia com uma dieta muito simples de arroz, batata, alface, sopa enlatada... tudo o que fosse barato.... Mas sobrevi", revela John Paul DeJoria.

Depois das garrafas, DeJoria saiu em busca de todo tipo de serviço, mesmo que precários e temporários, que lhes dessem alguma remuneração melhor: conserto de bicicletas, venda de enciclopédias de porta em porta, venda de máquinas de copiar, venda de seguros, zelador, motorista de caminhão, etc.

Segundo DeJoria, dos vários empregos diferentes que tentou, o que aprendeu a fazer melhor foi vender enciclopédias de porta em porta. Mas não foi uma lição fácil, pois na primeira semana de trabalho, mesmo indo atrás dos clientes o dia inteiro, do período da manhã até tarde da noite, ele não conseguiu fazer qualquer venda – na verdade, vender esse tipo de produto exigia muita técnica e disposição, a maioria das pessoas que tentavam ganhar a vida com isso desistiam em poucos dias. Mas DeJoria persistiu, e foi tão bem-sucedido nas vendas das enciclopédias que trabalhou com isso durante três anos e meio.

"Em vendas, você precisa ser tão entusiasmado quando fala com o potencial cliente número 100 quanto foi entusiasmado com o primeiro comprador", diz DeJoria.

Como destaque de vendas de enciclopédias, John DeJoria conquistou um emprego na área de marketing da revista Time. Trabalhando com a mesma competência e dedicação, em pouco tempo, John foi promovido a gerente de circulação da revista na região de Los Angeles. Depois, em 1971, ele foi trabalhar para a Redken Laboratories, que já foi a maior fabricante de produtos para salão de cabeleireiro dos Estados Unidos. Essa foi a primeira oportunidade que daria a ele as ferramentas para mudar completamente de vida alguns anos mais tarde, visto que apenas um ano e meio após começar a trabalhar na Redken, ele foi promovido a gerente nacional da área de cursos e cadeias de varejo da empresa, onde aprendeu tudo o que havia para saber acerca do ramo de produtos para cabeleireiros. Mas John Paul DeJoria ainda teria que pagar mais um pedágio cobrado pela vida, pois ele foi demitido da Redken Laboratories, e também seu casamento ia mal das pernas. Para ficar pior, com os desentendimentos com sua então esposa, DeJoria decidiu sair de casa, tendo que ir morar no próprio carro nas ruas de Los Angeles – era a segunda vez que John DeJoria virava sem-teto.

"Aprendi a viver no meu carro e aprendi a viver com pouco dinheiro por dia. Aprendi a sobreviver. Dormia no meu carro e fazia a higiene pessoal no banheiro do Griffith Park*. Além disso, ia ao Freeway Cafe, em Los Angeles, depois das 9 da manhã, porque nesse horário, com apenas 0,99 centavos de dólar (uns quatro reais), você comprava um ovo, um pedaço de torrada, um copo de suco de laranja ou um copo de café e um pedaço de bacon ou linguiça. Ou então eu ia para um restaurante mexicano chamado El Torido, entre quatro e meia e cinco e meia da tarde, porque nele, também com apenas 0,99 centavos (cerca de quatro reais), dava para comprar uma margarita e uma porção de alguma comida saborosa, como tacos ou asas de galinha. Além disso, expliquei minha situação para uma garota que trabalhava lá, depois que ela perguntou sobre minha vida, e eles ocasionalmente me ofereciam uma refeição mais completa, sem custo extra. Depois que comecei a ganhar dinheiro, voltei lá, e os recompensei muito bem", revela John Paul DeJoria.

Griffith Park é uma área de recreação de Los Angeles, onde adultos pagam dois dólares (cerca de oito reais) para usar a piscina, que para crianças é gratuita.

"Depois de algumas semanas sem casa, uma atriz chamada Joanna Pettet, que era minha conhecida há algum tempo, veio até meu carro, viu como estava vivendo, e não pôde acreditar. Ela decidiu me oferecer um quarto para ficar por alguns meses até que eu organizasse minha vida novamente. Isso foi bastante generoso da parte dela", continuou DeJoria.

Passado esse período, DeJoria conseguiu iniciar uma pequena empresa de consultoria para interessados no ramo de produtos para beleza.

"Depois que fui demitido pela terceira vez, comecei uma empresa de consultoria em 1978. Por alguns anos eu trabalhei com essa prestação de serviços. Foi difícil. Mas pelo menos era meu próprio negócio. Porém, eu sabia que queria encontrar um nicho de negócios que fosse mais do meu agrado, pois eu queria ser proprietário de uma empresa que fizesse algo físico", revela John DeJoria.

Desse modo, ele decidiu unir forças com um amigo de longa data, Paul Mitchell, que era relativamente famoso como designer de cabelos e havia conquistado um público que ia do alto escalão de rockeiros, modelos, escritores e artistas de Hollywood a celebridades pouco relevantes de Los Angeles.

Ambos não tinham muito dinheiro, mas conseguiram juntar US$ 2,249.89 (cerca de R$ 8.300,00) para iniciar uma empresa no ramo de cabeleireiros, onde desenvolveram um inovador sistema de cuidados para os cabelos com três produtos (um banho com um shampoo, depois mais um banho com outro shampoo e a finalização com um condicionador), com Paul Mitchell fazendo os penteados, e John Paul DeJoria supervisionando as vendas, marketing e a administração do empreendimento. A técnica deles deu certo, ganharam clientes, foram ficando famosos e a empresa cresceu muito nos anos seguintes. Hoje, a John Paul Mitchell Systems produz uma linha de mais de 100 produtos de beleza e saúde para os cabelos, com vendas anuais acima de US$ 1 bilhão (cerca de R$ 4 bilhões) para mais de 150.000 salões de cabeleireiros nos Estados Unidos e em outros 87 países.

"A diferença entre pessoas bem-sucedidas e pessoas malsucedidas é que as pessoas bem-sucedidas estão dispostas a fazer as coisas que as pessoas malsucedidas não fazem", afirma John Paul DeJoria.

Após todas as dificuldades, qual é o segredo para sucesso de DeJoria? Além da persistência e resignação, a regra de ouro de John DeJoria é: Não compartilhar o sucesso é um erro. Pessoas que trabalham na John Paul Mitchell Systems dizem que é uma das melhores empresas para se trabalhar no mundo. E isso seria resultado direto dos esforços de DeJoria para criar uma atmosfera de sucesso, contratando sempre as melhores pessoas, pedindo-lhes para dar o máximo de seus esforços para o bom resultado da empresa, e recompensando elas em valores acima do que a indústria normalmente paga para profissionais similares. Outra filosofia de gerenciamento de John é "ter menos peças, para evitar o custo do gerenciamento intermediário". Como ele concretiza isso? A John Paul Mitchell Systems tem apenas 160 funcionários em todo o mundo, para uma média de setecentos funcionários em qualquer outra empresa concorrente. Além disso, John DeJoria diz que se manteve motivado nos tempos em que trabalhava duro para viabilizar sua empresa, bem antes de construir seu patrimônio de mais de US$ 4 bilhões (cerca de R$ 12 bilhões), por meio de três ideias simples:

1ª Regra: Esteja sempre preparado para a rejeição.

"Durante sua jornada, você vai se deparar com a rejeição das pessoas. Você vai bater nas portas, e muitas pessoas não vão te atender ou vão fechar as portas em sua cara. Haverá pessoas que não gostam de seu produto, não gostam da sua empresa ou não gostam de você. É importante que você perceba que isso é normal desde o primeiro dia em que iniciar o seu negócio. Para ser bem-sucedido, você deve permanecer tão confiante e entusiasmado na porta número 100 quanto você estava na porta número 1. Se você tiver plena consciência de que isso vai acontecer, aceitar a rejeição não será tão difícil. Isso ajudará você a ser resiliente", explica DeJoria.

2ª Regra: Faça produtos da mais alta qualidade.

"Muitas pessoas e empresas fazem coisas para vender. Mas quando o produto é ruim, o consumidor joga ele fora e compra outra marca. Se você fizer seus produtos com a mais alta qualidade, seu negócio será profundamente beneficiado com a fidelidade dos clientes, pois nunca vão faltar pedidos, eles sempre comprarão seus produtos, o que manterá suas vendas em constante crescimento", explica DeJoria.

3ª Regra: Fazer o bem é bom para você e para seu negócio.

"Se uma empresa quer permanecer no negócio, não pode simplesmente pensar apenas no resultado, mas deve se comprometer a ajudar as pessoas. Ao ajudar os outros, você estará criando futuros clientes e inspirando a lealdade dos funcionários. Os clientes gostam de se envolver com pessoas e empresas que doam seu tempo para ajudar os outros, salvar o planeta e fazer a diferença", explica DeJoria.

Tequila Patrón

Além da John Paul Mitchell Systems, sua primeira empresa de sucesso, John DeJoria tem diversos outros empreendimentos, sendo o de maior destaque a The Patrón Spirits Company, que produz a Patrón Tequila, lançada em 1989, e que se tornou uma das marcas de bebidas mais valiosas do mundo.

DeJoria entrou no negócio da Tequila por acaso: ele pediu a um amigo, o arquiteto Martin Crowley, que trouxesse do México, onde estava em uma viagem a trabalho, algumas garrafas de tequila.

"Após a morte de meu primeiro sócio, Paul Mitchell, em 1989, decidi começar a Patrón Spirits Company com meu amigo Martin Crowley, um arquiteto que tinha ido ao México. Tudo começou quando eu disse a ele que me trouxesse um pouco de tequila de lá. Ele comprou algumas garrafas e, quando voltou da viagem, disse: 'Eu poderia criar um rótulo para isso... Quer produzir uma tequila mais suave e entrar nesse ramo?'", conta DeJoria.

Eles mandaram produzir doze mil garrafas no México e venderam elas por US$ 75,00 (cerca de R$ 270,00), cada garrafa, nos Estados Unidos – preço elevado, mas a ideia era que a Patrón fosse um produto de luxo ultra-premium.

Como prova do sucesso da Patrón, em 2018, John Paul DeJoria vendeu a empresa por US$ 5.1 bilhões (aproximadamente R$ 20 bilhões) ao grupo da Bacardi Ltda.

"Começamos este negócio há mais de um quarto de século atrás com uma missão singular: criar uma tequila de luxo ultra-premium. Hoje, ainda com esse compromisso com a qualidade e com várias marcas extraordinárias em nosso portfólio, produzimos mais de três milhões de caixas de bebidas destiladas por ano que são apreciadas em todo o mundo. Tenho orgulho do que toda a nossa organização realizou e do trabalho que fizemos para retribuir às pessoas e comunidades nas quais operamos", diz John Paul DeJoria.

10º - APENAS TRABALHO DURO, É ESTUPIDEZ

Trabalhar duro não é a melhor caminho para a riqueza, mas o trabalho inteligente, sim. É o trabalho inteligente que traz a recompensa ótima, com melhor custo-benefício. Quem trabalha pesado, talvez fique rico. Por outro lado, o trabalhador inteligente tem todas as ferramentas para se tornar bilionário. Trabalhadores esforçados são determinados, são focados e são dispostos, mas os trabalhadores inteligentes têm tudo que os esforçados têm acrescido de cérebros afiados, estratégias vencedores e capacidade de reconhecer de imediato os atalhos que facilitarão suas jornadas. Mas como você pode se tornar um trabalhador inteligente? Aumentando seu Q.I.? Não, não, meu amigo! Na verdade, sim, sim! Você vai ter que aumentar seu quociente de inteligência, sim. Mas isso pode ser concomitante com o aprendizado do que é "trabalho inteligente" – entenda esse conceito e pare de fazer somente trabalhos pesados, que talvez não te levem a lugar algum. Por exemplo, você já percebeu que as pessoas pagam muito bem por trabalho valioso e remuneram mal o trabalho apenas esforçado? Trabalhos valiosos são aqueles que poucas pessoas podem fazer. Qualquer um pode cavar uma vala, varrer uma rua, e mesmo que seja "fenomenal" nisso, vai continuar sendo mal pago. Mas nem todo mundo tem paciência, inteligência ou talento para se tornar um grande inventor, um grande cirurgião plástico, um empresário visionário, um artista fenomenal, um esportista incrível ou representante de alguma outra profissão que exija, além de algum esforço físico, um esforço mental mais elevado. Aprender a fazer ou criar algo único, e que ninguém mais possa fazer igual, e que gere valor para as outras pessoas, é isso que é o trabalho valioso que tornará você incrivelmente rico – mas repito: não é qualquer atividade que permitirá isso, e, contrariando o que disse acima, no início de sua trajetória como trabalhador inteligente, você vai ter que fazer trabalho pesado, contudo, se você fizer isso de forma consistente, em pouco tempo o esforço necessário à realização de seu ofício será mais suave. Portanto, escolha muito bem o que você quer fazer na sua vida. Por outro lado, a seleção da atividade certa, do trabalho correto ou mais adequado a você, pode ser bem difícil, mas há maneiras de facilitar a tomada dessa decisão – é sobre isso que falaremos a seguir.

A Escolha da Melhor Atividade Para Você

Com um pouco de trabalho árduo (sempre ele...), mas sensato, algum planejamento e bastante autorreflexão, você poderá identificar qual atividade seria a mais adequada a tornar você uma pessoa bem-sucedida. Explore a você mesmo, descubra seus gostos, seus talentos inatos e ocultos. Se você quer uma ocupação que vai efetivamente tornar você feliz e rico, você tem que saber exatamente as coisas que gosta e não gosta de fazer – e, obviamente, evitar as que não gosta, ou, em último caso, utilizar essas como ferramentas para viabilizar a perenidade daquelas pelas quais você tem apreço. Outra coisa, apesar de esse livro focar na riqueza, no acúmulo de dinheiro e bens, quando você escolher a ocupação que vai mudar sua vida não pense somente em quanto dinheiro você vai ganhar com ela, pois se você se concentrar apenas nisso, provavelmente não vai ter a energia necessária para consolidar sua atividade, e o dinheiro não virá.

Não há nada de errado em não saber qual caminho seguir na vida, desde que você não espere o fim de sua vida chegar sem tomar uma decisão.... E apesar de ser importante que você descubra isso o mais cedo possível, isso não significa que pessoas mais velhas não possam mudar de vida, mesmo após passar anos se debatendo em uma carreira que odeia. Uma boa maneira de começar a descobrir o melhor caminho para você é pensar no que faria se não precisasse trabalhar. Talvez você diga que se não precisasse trabalhar, você simplesmente nada ia fazer.... Se esse é seu pensamento, eu te pergunto: você pode se dar esse luxo? Se acaso a resposta for "sim": parabéns para você! Você já faz parte do exclusivo clube das pessoas que têm recursos suficientes para viver sem ter que trabalhar.... Agora, se você disse "não", recomece seu raciocínio: o que você gostaria de fazer mesmo se não precisasse trabalhar? A resposta a essa pergunta talvez não seja a melhor escolha para uma carreira de sucesso, mas pode te dar uma ideia de por onde deve começar sua busca por uma vida melhor. Além disso, pense no seguinte:

- Sua formação acadêmica é suficiente para realizar o que você deseja? Ou você terá que gastar recursos para aperfeiçoá-la? Você tem recursos suficientes para isso? Há opções gratuitas? Ou formação acadêmica é irrelevante para a atividade que você escolheu?

- Qual seu desenvolvimento mental e psicológico (na maioria das atividades humanas, você sofrerá pressões de toda sorte, vai lidar com pessoas difíceis....)? É capaz de aguentar o risco de perder suas economias? Se você falir, você terá forças para se recuperar? Você sabe administrar recursos escassos? Você é capaz de identificar e conduzir um "plano b" para o caso de seu objetivo principal não dar certo? Você é perfeccionista ou somente faz o estritamente necessário (quem não é muito rigoroso no que faz, eu disse rigoroso, não inflexível, dificilmente se destaca da maioria...)?

- Quais são suas aspirações? Você quer ser muito rico em que nível: rico, milionário ou bilionário? A atividade que você escolheu ou pretende escolher é capaz de viabilizar uma riqueza nesse nível? Ou, na verdade, você quer apenas ter dinheiro suficiente para uma vida confortável? Sonhar "baixo" pode levar você ao fracasso, ou, no mínimo, a uma situação que não seja tão satisfatória quanto você gostaria.

- Você é uma pessoa saudável? O caminho para a riqueza exige boa saúde, pois é como uma maratona, vai exigir muito esforço de você – serão horas e mais horas de trabalho físico e mental até a concretização de suas metas, pois um empreendedor, o dono do negócio, sempre trabalha muito mais do que qualquer empregado.

- Qual seu nível de riqueza financeira atual? Você tem recursos suficientes para iniciar um negócio? Ou vai ter que buscar dinheiro emprestado? Você tem paciência para lidar com credores?

- Relações familiares (incluindo romances): as pessoas com quem você mantém relações pessoais vão apoiar você? Ou elas tentarão desanimar você porque não compartilham de sua visão? Evite, a todo custo, pessoas negativistas. Não revele seus planos para elas. E sua rede social, seus amigos, conhecidos, eles podem apoiar você de alguma maneira ou, do mesmo, modo, têm o potencial de atrapalhar você? Se vão atrapalhar, evite contato com essas pessoas. Não desperdice seu tempo precioso com elas. É duro, mas é a realidade da vida.

- Seus interesses recreativos (hobbies, esportes, viagens, etc.) tiram sua concentração do objetivo maior de sua vida ou são fundamentais para que você possa consolidar uma vida bem-sucedida? Se tiram sua concentração, tomam muito do seu tempo, repense a duração dessas opções de lazer. Diversão é importante, mas a vida não é feita apenas de curtição.

- Você é interessado em espiritualidade (incluindo contribuições para a sociedade, voluntariado, etc.)? Em caso positivo, essas atividades também não podem ter um espaço tão amplo em sua vida que atrapalhem seus objetivos de vida – exceto se sua meta de vida é a própria espiritualidade..., mas daí você nem deveria estar lendo esse livro. Por outro lado, se você souber utilizar com sensatez os contatos que têm com outras pessoas nesses serviços, talvez consiga obter energias favoráveis à consolidação de uma vida de sucesso – quem sabe você consegue identificar uma bela oportunidade de negócio quando esteja realizando um trabalho voluntário ou encontre um parceiro empreendedor que ajude a viabilizar seus sonhos em uma visita a algum templo...?

Após analisar todas as questões acima, e outras mais que você julgar importantes, pense claramente no seguinte:

- Realmente gosto ou quero isso para minha vida?

- Estou preparado para fazer o que for preciso para conseguir realizar isso?

Seja sincero nas respostas, não decida nada de forma precipitada, pois uma escolha ruim, mal pensada, pode obrigar você a começar tudo do zero, inclusive em termos de dinheiro. Se você atualmente é pobre, melhor, tem sérias restrições financeiras, corrigir o erro será muito mais penoso – costumo dizer que a vida das pessoas mais pobres é como um grande navio petroleiro, que carrega dentro de si imensas riquezas, mas se arrasta devagar pelos "mares da vida" e quando precisa mudar de rota, demora muito, muito tempo.

Depois das análises acima, classifique em uma planilha suas metas e objetivos como sendo de *curto prazo*, para aquelas que você tem que realizar em até 12 meses (por exemplo, fazer um curso de especialização, identificar uma necessidade e desenvolver um produto ou serviço para atender essa necessidade, juntar dinheiro suficiente para iniciar um negócio ou encontrar um parceiro que financie suas ideias, etc.); *médio prazo*, para aquelas que você tem que realizar entre 1 e 5 anos (por exemplo, aumentar o faturamento de seu negócio em 50%, abrir uma filial, fazer uma faculdade, aprender um novo idioma com fluência, etc.); e, por fim, *longo prazo*, para aquelas metas e objetivos que você tem que realizar em mais de 5 anos (se tornar um profissional altamente reconhecido e valorizado pelo mercado, criar uma marca muito forte nas mentes dos clientes, incorporar novas oportunidades de negócios, tornar sua empresa uma das 10 maiores do seu ramo de atuação, obter estabilidade financeira mais que suficiente para trabalhar cada vez menos, triplicar seu patrimônio, etc.).

Agora, depois de todas essas reflexões, elabore um plano de ação, no qual você precisará converter suas metas e objetivos em tarefas específicas, mas apenas as tarefas que o ajudarão efetivamente a realizar seus objetivos, com ordem de priorização, e com prazos diários, semanais, mensais ou anuais para serem concretizados, conforme cada caso. Finalmente, além de determinar as tarefas específicas que você terá que realizar e saber reconhecer o exato ponto de transição ente cada uma delas, a fim de saber quando deve encerrar uma e iniciar a próxima, mantendo a lógica de seu plano, defina também as métricas que servirão de régua para medir seu progresso ou conquistas; defina responsabilidades, pois algumas das tarefas podem exigir o auxílio de outras pessoas; identifique claramente os recursos que vai precisar utilizar para realização das tarefa; e crie um cronograma para conclusão de cada tarefa a ser realizada por você. Não esqueça de explorar bem os dados que você tenha acerca dos potenciais obstáculos poderão surgir durante o curso de sua ação para concretização de seus objetivos. Conhecendo em detalhes esses entraves latentes, você poderá se antecipar aos problemas criados por eles e criar uma série de estratégias para contorná-los, seguindo firme em sua marcha para o sucesso.

Todas essas iniciativas acimas vão dar a você uma visão mais nítida de todas as conquistas que você terá durante e ao final desse caminho até uma vida bem-sucedida, e que você provavelmente já tem delineada em sua mente, servindo como força motriz para manter você inspirado, motivado e focado, enquanto estiver perseguindo os resultados desejados e seus sonhos ainda não realizados.

Resumindo tudo o que disse acima, defina seus OBJETIVOS, tenha PRIORIDADES e elabore um PLANO, por escrito, a fim de organizar suas ideias e não deixar "passar nada em branco". Esses são os primeiros passos para o trabalho inteligente, criterioso e sensato, que também envolve trabalho duro - mas seus esforços não podem se resumir a apenas "sangue e suor". Mas ressalto, novamente, que isso não é uma "receita de bolo", fácil e infalível. Pode ser que você não consiga vencer os bloqueios que a vida impõe na primeira tentativa, ou na segunda, quem sabe tenha que tentar uma terceira vez. Contudo, o importante é você não desistir de realizar seus sonhos. Tenha certeza de que se você agir conforme os preceitos contidos nesse livro, dificilmente não se tornará bem-sucedido em sua vida.

Trabalho Duro e Inteligente

Jeffrey Preston Bezos, mais conhecido como Jeff Bezos, nasceu em 12 de janeiro de 1964, na cidade de Albuquerque, no estado de Novo México, nos Estados Unidos. Ele é o empresário fundador, presidente e diretor-geral (CEO) da Amazon.com, a mais importante e famosa empresa de comércio eletrônico dos Estados Unidos.

Apesar de ter nascido em Albuquerque, no Novo México, Bezos cresceu na cidade de Houston, no Texas, onde o padrasto dele foi trabalhar como engenheiro da Exxon-American, uma empresa do ramo de petróleo e gás natural. Apesar disso, Bezos sempre passava as férias de verão no rancho de seu avô, no Novo México, executando trabalhos variados, típicos da zona rural, como assentamento de tubos para irrigação, vacinação e castração de gado, etc. O avô de Jeff Bezos, Lawrence Gise, foi um grande exemplo em sua vida, pois além do conhecimento do trabalho mais simples a ser realizado na fazenda, detinha amplos conhecimentos em ciência, notadamente energia atômica e nuclear, pois foi diretor regional da Comissão de Energia Atômica dos Estados Unidos (AEC) e supervisor dos laboratórios nucleares de Los Alamos, no Novo México, e Lawrence Livermore, na Califórnia.

Jeff Bezos se graduou em engenharia elétrica e informática na Universidade de Princeton, no estado de Nova Jérsei. Entre 1986 e 1994, ele trabalhou com ciência da computação para algumas empresas de Wall Street, em Nova Iorque. É destaque na biografia dele o fato de que desde a faculdade já tinha em sua mente a ideia de um dia administrar um negócio próprio. Essa ideia era tão forte, que influenciou algumas de suas decisões de início de carreira, como recusar cargos em várias empresas bem estabelecidas, como a Intel Corporation (a famosa fabricante de processadores para computadores), a Bell Labs (uma empresa do grupo da Nokia para pesquisas na área de telecomunicações), e Accenture (uma empresa de consultoria de gestão e Tecnologia da Informação), para aceitar um emprego na Fitel, uma pequena empresa iniciante no ramo de telecomunicações. O objetivo principal da Fitel era criar uma rede global de telecomunicações para empresas de trading (que são entidades da área de finanças, que compram e vendem instrumentos financeiros, como ações, títulos, commodities, derivativos e fundos mútuos). Na Fitel, Bezos começou como programador e rapidamente subiu na hierarquia, chegando ao cargo de chefe de desenvolvimento e diretor de atendimento ao cliente. Ele trabalhou durante dois anos na Fitel tentando fazer a empresa crescer, mas a startup não decolava. Então Bezos pediu demissão e conseguiu um emprego como gerente de produtos no Bankers Trust (uma espécie de banco que atua em nome de terceiros em vários negócios, inclusive administração de heranças). No Banker Trust, Jeff Bezos se tornou vice-presidente, mas logo ficou entediado com o trabalho, e depois de apenas dois anos, aos 26 anos, resolveu pedir demissão para se dedicar à área de tecnologia. Com essa decisão, ele foi trabalhar na DE Shaw & Company, uma empresa de investimentos que utiliza ciência da computação no mercado de ações para decidir onde aplicar seus recursos. Na DE Shaw, em apenas quatro anos de trabalho, Jeff se tornou vice-presidente da empresa e foi encarregado de pesquisar novas oportunidades de negócios na Internet - que naquela época era novidade e estava em franco crescimento. Depois de fazer uma lista com vinte produtos que poderiam ser vendidos online, Jeff Bezos decidiu que os livros eram a opção mais viável, pois eram fáceis de transportar e tinham uma variedade imensa de títulos disponíveis. Ele tentou que a DE Shaw financiasse a ideia, mas a empresa recusou a proposta. Desse modo, Bezos decidiu que iria abrir um negócio de venda de livros na Internet sozinho. David Elliot Shaw, dono da DE Shaw, fez o possível para convencê-lo a permanecer na empresa, mas Jeff Bezos estava firme em sua decisão de sair, pois "preferia tentar e obter apenas um fracasso do que nunca ter tentando".

"Eu sabia que, quando tivesse oitenta anos, nunca pensaria, por exemplo, nos motivos que me fizeram abrir mão dos lucros a que teria direito em Wall Street, em 1994, já que estava saindo no meio do ano, que era o pior momento possível, quando perderia muito dinheiro. Esse tipo de coisa não é algo que você se preocupa quando tem oitenta anos de idade.... Mas, ao mesmo tempo, eu sabia que me arrependeria de não ter participado dessa coisa chamada 'Internet', que eu achava que seria algo revolucionário. Quando pensei sobre isso a partir desse ângulo... foi muito fácil tomar a decisão de pedir demissão", revela Jeff Bezos no livro The Everything Store (em tradução livre: A Loja de Tudo), de Brad Stone.

Como a Costa Oeste (basicamente os estados da Califórnia e Washington) dos Estados Unidos era, e ainda é, o grande centro das empresas de tecnologia do país, onde quase qualquer ideia é bem recebida e incentivada por empreendedores e investidores de risco, Jeff Bezos saiu de Nova Iorque em meados de 1994 e foi morar na cidade de Seattle. Nessa cidade, com base nas pesquisas que havia feito enquanto trabalhava para a DE Shaw, ele começou a pôr em prática sua ideia de vender livros on-line, através de um site na Internet.

Como Bezos não tinha dinheiro suficiente para iniciar o negócio sozinho, pois, além de outras despesas, precisava ter um estoque bastante grande e variado de livros, ele começou a buscar possíveis investidores. Por fim, ele conseguiu levantar cerca de US$ 1,5 milhão (algo em torno de R$ 5 milhões) entre familiares e amigos, que era mais que suficiente para montar o negócio na garagem de sua casa em Seattle, tendo em vista que ele não precisava ter uma loja física para isso. Ele só teria que ter espaço para o estoque de produtos a serem vendidos, fazer investimentos em equipamentos de informática e construção e manutenção de um site na Internet. Nem mesmo empregados Bezos tinha intenção de contratar no início de sua empresa, pois a ideia era ele e sua esposa fazerem todo o trabalho, inclusive postar as encomendas nos correios.

Tendo definido a sede da empresa, escolher um nome para o empreendimento não foi muito simples. Em julho de 1994, Jeff Bezos registrou sua empresa como Cadabra. No entanto, ele mudou de ideia quanto à adequação dessa palavra quando seu advogado entendeu o nome como sendo "Cadáver". Com dificuldade para definir um nome que fosse muito bom, fácil de memorizar e que aparecesse no topo das listas dos sites de busca na Internet, Jeff Bezos pensou em rebatizar sua empresa como MakeItSo.com (Make It So - algo como "Vá em Frente", que é o slogan do Capitão Picard na série de tv Star Trek, da qual Bezos é fã); ou Aard.com, por causa da combinação de duas letras "a", que faria seu site aparecer em primeiro lugar em listas de sites em ordem alfabética... Sem ter aquele momento de inspiração divina, Jeff e MacKenzie, sua esposa, registraram diversos nomes, tais como Awake.com, Browse.com, Bookmall.com e Relentless.com. Em algum momento de sua busca pelo nome certo para sua livraria on-line, Jeff Bezos viu a palavra "Amazon" no dicionário. Nesse momento ele decidiu que sua empresa se chamaria Amazon.com, pois além de ter potencial para ser um dos primeiros nomes a aparecerem no topo da lista dos sites de busca, ele gostou da sinergia inusitada que provavelmente ocorreria entre a lembrança do maior rio do planeta e a maior livraria da Internet.

Com tudo pronto, inclusive o site Amazon.com, Jeff e MacKenzie chamaram um grupo de trezentos pessoas para testar o funcionamento do site. Como o teste foi bem-sucedido, no dia 16 de julho de 1995 eles liberaram o site para vendas ao público em geral. Rapidamente, como pólvora queimando, o boca-a-boca espalhou a notícia sobre a abertura de uma nova livraria online: a Amazon.com. Em menos de três meses, a Amazon.com já estava faturando US$ 30 mil (cerca de R$ 110 mil) por semana e vendendo livros para todos os 50 estados dos Estados Unidos e para mais de 45 outros países.

Atualmente a Amazon.com vende muito mais do que livros, tendo expandido seu catálogo para uma infindável variedade de produtos e serviços, inclusive transmissão de vídeo e áudios via Internet (streaming). A Amazon é considerada a maior empresa de vendas online do mundo, bem como a maior fornecedora de serviços de infraestrutura para armazenamento de arquivos, sites e documentos da Internet através de seu braço Amazon Web Services.

Jeff Bezos, além da Amazon, tem uma série de outros investimentos empresariais que são gerenciados por meio da Bezos Expeditions. Através dessa empresa de investimento de risco, Bezos financiou, financia ou comprou empreendimentos como a Blue Origin, fundada em 2000, que é uma empresa para realização de voos espaciais, inclusive com fins de turismo, resultado de seu fascínio pelo espaço, incluindo um certo interesse no desenvolvimento de "hotéis espaciais, parques de diversões, colônias e pequenas cidades para 2 milhões ou 3 milhões de pessoas vivendo na órbita da Terra"; o jornal The Washington Post, comprado por Bezos em 05 de agosto de 2013, por US $ 250 milhões (algo em torno de R$ 920 milhões) em dinheiro, e mais de 30 outras empresas ou instituições. Até mesmo no Google Jeff Bezos tem participação, pois ele foi um dos primeiros acionistas do famoso buscador, quando, em 1998, investiu US$ 250 mil nele (cerca de R$ 920 mil). Esse investimento de apenas duzentos e cinquenta mil dólares, que permitiram a Bezos adquirir três milhões e trezentas mil ações do Google em 1998, vale hoje cerca de US$ 3,1 bilhões (R$ 11 bilhões)!

A trajetória de Jeff Bezos é um grande exemplo de alguém que conquistou uma vida invejável graças a sua inabalável necessidade de aprender coisas novas, acompanhar tecnologias inovadoras, trabalhar de modo duro, mas inteligente, e às suas qualidades de liderança. Em janeiro de 2018, após a inauguração da primeira unidade do Amazon

Go, um supermercado completamente automatizado, sem funcionários no ambiente da loja, na cidade de Seattle, Jeff Bezos tornou-se o homem mais rico da história, com uma fortuna de US$ 113,5 bilhões de dólares (R$ 420 bilhões).

***

SOBRE O AUTOR

Roberto Inunaki é professor, trabalha no sistema financeiro e é especialista em recuperação de créditos.

*****

www.ingramcontent.com/pod-product-compliance
Lightning Source LLC
Chambersburg PA
CBHW030944240526
45463CB00016B/1782